スウェーデンの
作業療法士が
教える

発達障害の子どもと楽しむ
ワークショップ

河本 佳子

はじめに

　私は42年間、スウェーデンで作業療法士や幼児教員として働き、日本に帰国後は、各地の福祉施設を訪問してきました。そこで度々感じることは、利用者さんの人権が脆弱であるということです。就労B型の、あるいはそれ以上の重度の利用者さんたちに与えられる作業課題は、おもしろみのない、単一的な活動ばかりで、自動的にできてそれ以上の成長が得られないものが多くありました。一生懸命がんばって利用者さんのことを考えてやっている支援者がいる半面、毎日のルーティンで作業を与え、成長プランはあるものの、日常生活に必要な自立できるような訓練はあまりなされていないように見受けられたのは残念でした。それぞれの成長レベルに合わせてできることを時間をかけてでもしてもらう。そして、そこにまた新しく自発的に学べるチャンスを与えてできることを増やしていく。もちろん強制的にするのではなく、臨機応変に利用者さんの適応能力を向上させる配慮が必要です。

　スウェーデンでは、らかの機能障害を持っている人たちが、豊富な支援を受けながら普通の人とともに当たり前に暮らしています。日本では、いまだに強度行動障害者などには部屋に施錠をしているところがあります。身体的バリアフリーは進んでいる日本の中で取り残されている人々を思うと、悲しい気持ちになると同時に、憤りを感じてしまいます。だから、少しでも彼らの現状をよくし、楽しく遊び学べる環境と、創意工夫のある日常生活を届けたいといろいろ工夫してきました。もちろん失敗も山積みですが、進歩や発展もあり、児童や利用者さんの発達や笑顔が私のモチベーションとなって前に進めています。

　スウェーデンでは理学療法士と作業療法士がチームを組み、協力し合いおもしろいリハビリを試みてきました。これらを生かし、日本でも同様に様々な形でワークショップなどをおこなってきました。その経験を生かし、多くの方々にワークショップの実践の意味を知ってもらうために、本書を執筆しました。

　そんな私に共感してくださる人々もたくさんいらっしゃるので、勇気が持てます。どうぞ、この本を参考にして貴方にできることを利用者さんに支援していただきたいと思います。

目　次

4章　発達障害者への具体的な支援　47

5章　発達段階にあわせた自立活動　69

6章　たのしい! うれしい! ワークショップ　91

7章　二次障害を発症させないために　123

作業療法をするうえで
大切なこと

スウェーデンの作業療法士としての私

　私は、1970年にスウェーデンに移住し、スウェーデンで幼児教員の資格を取り直し、幼児教育／障害児教育に17年に渡って携わってきました。スウェーデンの幼児教育の現場は、必ずといってよいほど統合教育なので、地域に住む何らかの障害を持つ子どもたちが当然通ってきます。耳の聞こえない聾の子ども、目の見えない子ども、身体障害があり車椅子を利用する子ども、ダウン症など知的障害のある子ども、発達障害の子ども……どの子どもも自宅から近い地域の保育園や幼稚園、小学校へと通ってきます。そのため、受け入れるほうは、どうにかして受け入れる準備をしなければなりません。それが市から課せられた保育園・幼稚園・学校の義務なのです。車いすの子どもがくれば環境をバリアフリーに、また特別に人手が必要になる子どものニーズには専属ヘルパーを雇い、聾や難聴の子どもがくれば職員は勤務時間に手話の講習を受けて、クラスの他の子どもにも簡単な手話を教えます。しかし、聾や難聴の子どもは早めに聾の専門保育園、幼稚園に通わせ、周囲が違和感のない環境の中で成長を見守りできるように、それぞれの機能症状に合わせた保育園や学校に通わせています。

　スウェーデンの幼児は、小さいながら自分の意志をはっきりもっています。ですから10人いれば10人をまとめるのがとても大変です。活動をみんなと一緒にやりましょうといっても、「したくない！」とはっきり答えるのです。だから常に2〜3の選択肢のある活動を提供するか、2〜3人ずつ交代で活動をします。たとえば、粘土遊びも一斉にするのではなく、やりたい子3人くらいでしていると、興味を持つ幼児が自然と参加してくるという感じです。

　それから、私は37歳で離婚したのですが、スウェーデンには43歳まで修学ローンを借りられる制度があったので、3人の子を持つシングルマザーながら、ルンド大学で教育を受け直して、作業療法士の資格をとりました。これも、スウェーデンならではの恩恵でした。卒業後、幸運にも以前から働きたい場所の第一候補だったマルメ大学総合病院（現在ではスコーネ大学総合病院、SUS）の一角にあるハビリテーリングセンターで作業療法士として

雇用され、そこで20年近く働いてきました。リハビリの「リ」という接頭語の意味は、「復帰、復活」ですが、このセンターに集まる0～20歳の人たちは、生まれつきの機能障害をもち、復帰は奇跡でも起こらない限りあり得ないことです。だから、スウェーデンでは「リ」という接頭語は省いて「習慣づける」とか「適応する」とかいう意味のラテン語「ハビリ」だけをとって、ハビリテーリングセンターと呼ばれています。通院のみで、入院するほどの生命危機の場合は、小児科病棟に入院します。

　初めは、障害の疾病別もなく地域ごとの医療チームに属し、すべての障害児に対してアプローチをしていましたが、職員にもっと専門性を持たせようとする上部の意向で、疾病別の医療チームになりました。私は、知的しょう害や自閉症など、発達障害専門に携わる医療チームに属したのです。毎日の仕事は楽しく、同じチームの理学療法士とタッグを組んで、普通の機能訓練の傍らドッグセラピー、乗馬セラピー、室内ホッケーなどおもしろい試みをたくさんしてきました。彼女とはいまだに会う度に、当時は楽しかったねえと話しています。私のモットーは「楽しくハビリ」でした。利用者だけではなく、私自身も楽しめることを大切にしていたのです。

　2012年に、日本に残してきた高齢の母の介護をしていた姉が病気になり、母も全面介護が必要だったので早期退職をして日本に帰国しました。3年目に母が他界し、スウェーデンに再びもどろうとしました。しかし、日本の福祉施設にはたくさんのニーズがあり、医療福祉コンサルタントとして私の知識を買って下さる各法人と契約して、日本の施設環境の改善、職員指導、相談や助言などをするようになりました。

スウェーデンで42年間過ごして思うことはたくさんあります。野球のイチロー選手が引退したときに、自分がアメリカで外国人になって初めて孤独感、疎外感、人をおもんばかる気持ち、痛みを知る気持ちが大切で重要だと知った、と会見で話していました。私も常に感じていた気持ちで、共感しました。異国で認めてもらうためには、普通の人より三倍の労力が必要だったなぁーと思い返され、それはまた苦労ではなく、自分の肥やしになったと思います。

　現在、生活介護施設、入居施設、デイサービス、放課後デイ、療育園などに携わっていますが、職員の価値観、施設の環境改善など、たくさんのニーズが浮き彫りになり、スウェーデンで当然と思っていることが、日本ではそうでないことに焦りを感じています。少しでも利用者さんの役に立てればと、いまだに日本に残って改善をめざしています。

　療育園や放課後デイでは、軽度、重度にかかわらずいろいろな発達障害児でのグループを組み、ワークショップを毎週おこなっています。このワークショップがとても楽しいのです。提供する活動がおもしろければおもしろいほど、子どもたち（幼小中高生）も楽しんでやってくれます。子どもたちは生き生きとし、できなかったことが少しずつできるようになって、笑顔が絶えません。そして毎回、彼らが成長するのが目に見え、私も嬉しいのです。話せなかった子どもが自信をもって前より話し、風船をふくらませなかった子どもがふくらませるようになり、つま先で歩けなかった子どもがちゃんとつま先で歩けるようになり、順番の待てなかった子どもが自分の順番を待てるようになり、例を挙げるとキリがありません。とにかく、こちらが力を入れれば入れるほど、それに応えてくれるのです。ゆえに、この本の題名も「楽しい」という言葉をいれ、みなさんと楽しさを分かち合いたいです。

倉敷にある「社会福祉法人クムレ
障がい者支援施設あしたば」

作業療法について

　作業療法とは、簡単に言えば、何らかの機能障害を持っている人や精神的に病んでいる人、脳梗塞などで後遺症が残った人が潤滑に日常生活を送れるようにガイドすることです。そのために、治療の必要な機能訓練をし、残されている能力、得意とする能力を駆使しながらいかに日常生活作業に利用できるかを利用者とともに考え、自助具を提供し、環境改善（バリアフリー）をし、楽しく、充実した生活が送れるようにする職業が、作業療法士です。

> 　作業療法士として最も重要なのは、患者や利用者さんとともに楽しめるかどうかです。幼児の訓練には楽しさを優先しないと、訓練・練習になりません。また、高齢者にとっても、彼らの体験や経験を生かした楽しい工夫が必要になります。楽しくワクワクしながら生活できるようにと、いろいろな工夫や発想が必要で、それらを考えるだけで私も楽しくなります。

　中でもスウェーデンの作業療法士が特に重宝される仕事に、住宅改善があります。普段、作業療法士とは接したことのない人たちも、病気や事故後の機能障害の症状によって自宅をバリアフリーにする際、必ず作業療法士にお世話になります。コストのかかる改築でも、作業療法士の提案する申請案を市の建築課に申請すれば、無料で改築してもらえるのです。そのため、作業療法士は大学で建築家から住宅リフォームに関する勉強もします。この改築申請の書類作成のほかに、ADL（日常生活動作）、機能訓練や発達訓練は無論、機能障害に合わせて自助具や補助器具をも無料で提供できます。ですので、作業療法士は医療チームの中でかなりの重要な存在だと思います。スウェーデンでは、障害をもつ人が不自由なく日常生活がおくれるように環境を整え、適応能力を引き出す訓練をし、快適な生活が可能になるように、あらゆる角度からさまざまな問題と解決対策を見つけようとします。さらに作業療法士は、障害者の不足している部分だけをみるのではなく、身体的残存能力を強め、経験や得意分野を生かし、楽しい生活空間になるように臨機応変に対処し、ともに喜びを発見します。それが、作業療法士の課題であり、任務です。

作業療法をするうえで大切なこと

療法士について、スウェーデンでは4種類に分かれています。簡単に説明すると、下の表のようになります。

作業療法士	日常生活がスムーズに行われるように援助、指導、訓練をする。住宅の改築案申請書作成、ADL用補助器具提供なども行う。
理学療法士	身体的要因を分析して、運動維持できるよう指導訓練をする。歩行用補助器具提供なども行う。
言語療法士	発語が遅れている状態が改善されるよう、言語指導をする。コミュニケーション用自助具提供なども行う。
心理士	子どもの発育や知能検査を行い、特別学校への入学や家族への心理相談を受ける

さらにスウェーデンの医療チームには、脳神経専門の医師、一般的な看護を担う看護師、患者の経済的相談や助言をする医療ソーシャルワーカー、教育的サポートには特別養護教育を学んだいわゆる養護学校の教員や、地域の活動クラブへ障害者の受け入れを呼びかける余暇コンサルタントなど他の専門の職種の人々が常時参加しています。その他にも、演劇や寸劇を通して自己表現や他人の気持ちを理解できるよう指導するドラマ教育者、リラクゼーションをおこなうマッサージ師や医療事務がいます。このようにさまざまな専門職が、機能障害者一人ひとりを支えています。これらの人たちと作業療法士は常に協力し、さらに専門性を発揮し、機能障害者達が社会参加できるように導いています。もっと詳しく知りたい方は、拙著の『スウェーデンの

作業療法士』（新評論）を読んでみてください。

　作業療法士になってよかったことは、人の身体機能を見るだけではなく、人生そのものの手助けをし、寄り添える仕事だということ。そして、自分が経験してきたことや遊んできたこと、趣味などが、ふんだんに作業療法訓練の中に生かせることです。だから、利用者さんと楽しく遊びながら、たくさんの笑い声とともに前に進めたと思います。

作業療法の視点

　作業療法の視点とはどんなもので、どのように子どもの活動分析をしているのでしょう。

　作業療法士が考える子どもの作業とは、遊びです。

　以下のように、過去のアメリカの作業療法士たちによる作業理論でも、活動分析や作業がいかに成長や健康にとって重要であるかを伝えています。

ダントン	作業（遊び）は人間の健康と教育に必要で、それが成長へと通じる道。入念に評価して計画をたてて介入するべし。
ライリー	遊びと活動は人間の発達をもたらし、遊ぶことによって習得をもたらす。
キールホフナー	作業（遊び）は、人間の生活の役割や経験や健康に影響を及ぼすと考えた

　またICF（国際生活機能分類）では、「活動と社会参加をすることは健康への近道」であり、「遊びや対人交流は心身の健康を促進する」としています。さらに、社会参加をするということは、生活する上で基本的に必要なADL・社会スキルも学べるとしています。環境要因が個人を変えることも可能である、とも書いてあります。つまり、対人を含めた環境がその人に適していれば、個人の健康や生活も充実するといえます。（『発達過程作業療法

学』（医学書院）より）

　作業療法士が対応している障害者（乳幼児から高齢者）は、身体機能・運動能力に障害がある肢体不自由者、また知的能力の未熟による知的障害者、感覚・知覚機能の未熟により巧緻動作や情緒の低い人、社会適応行動に障害のある自閉・発達障害者など、さらにこれらの混合型です。生来の障害もあれば、事故や病気の後遺症での障害もあります。

　人はみな、毎日、「作業」をしています。「作業」とは人の日常生活にかかわるすべての諸活動のことです。例えば、食事や着替え、トイレなどのセルフケアをはじめ、家事や仕事、趣味、学習や余暇などの行為すべてを指します。そして子どもにとっての作業は「遊び」のことです。ところが上述のような障害がある人は、「その人らしい」生活を得ることが難しくなります。その人たちを含めたすべての人々が活動できる場であり、「社会」という基盤がつくられています。前述しましたが、そんなすべての人の「作業」を維持し改善し、よい環境の中でその人らしい日常生活がスムーズにおこなわれるように、援助・指導・訓練をするのが「作業療法士」です。

ICFとは

　スウェーデンのハビリテーリングセンターでは、ICFと健康生成論を基盤に仕事をしています。

　ICFとは、国際生活機能分類（International Classification of Functioning, disability and Health）のことです。ここでは簡単にICFを説明します。なぜ、障害を持っている人は、日常生活を送れなかったり社会参加できなかったりするのか、その問題を探る指標がICFです。「個人因子」、「環境因子」などを分析して調べひとつひとつの障害を、精神的サポート、リハビリ、補助器具、環境改善などして取り除くことで、やがてその人は地域の行事などの社会から提供される活動にも無理なく参加でき、それがその人の健康を保持する、という考えです。つまり、健康とは、単に身体に不調がないだけの状態ではなく、社会参加できている状態のことをいいます。近年、社

会問題になっている引きこもりなど、社会参加できない状態の人は、あまり
健康ではないと考えられます。

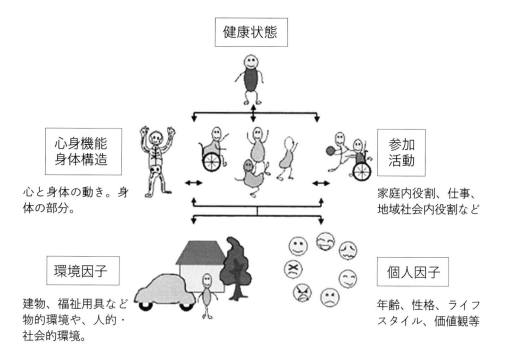

	健康状態	
心身機能 身体構造		参加 活動
心と身体の動き。身 体の部分。		家庭内役割、仕事、 地域社会内役割など
環境因子		個人因子
建物、福祉用具など 物的環境や、人的・ 社会的環境。		年齢、性格、ライフ スタイル、価値観等

健康生成論とは

　健康生成論は、アーロン・アントノフスキー（アメリカで育ちイスラエル
に移住、ユダヤ系医療社会学者）が提唱した新しい健康観です。ユダヤ人
のアーロンは、ドイツのユダヤ人収容所のサバイバーたちが生死を分ける
過酷な生活の中、どのようにして精神的、かつ身体的な健康を保てたかを
不思議に思い、サバイバーを分析したことが、この論の発端となっていま
す。WHO（世界保健機関）でも健康の基本理論としていますが、素人には
非常に難解な文章であるため、作業療法の講習ではその要約を学び、その結
論をリハビリの基礎としています。

　簡単にいえば、健康になるためのリハビリには3つの要素があるといって
います。

訓練・支援課題が利用者にとって

・簡単明快である

・理解できる

・意味がある

つまり、やっているリハビリ訓練の、

・作業課題（遊び）は簡単明快であるか？

・作業課題（遊び）を理解できているかどうか？

・作業課題（遊び）に意味があるのかどうか？

　と自問自答し、リハビリを提供する側も受ける側も相互理解できているか
どうかが肝心ということです。相互理解の上でのリハビリは効果が上がると
しています。つまり、難しくて意味のないリハビリを続けていても、効果は
あまり得られないのです。

　専門職にしばしば見受けられるのが、リハビリ理論を利用者にわかるよう
に説明していない姿です。なぜ、作業訓練にビーズ通しをしなければならな
いのかさっぱりわからないまま、言われるがままにひたすらビーズを通して
いるリハビリもあります。リハビリには相互理解が必要なのです。

　この視点で日本の障害者施設や就労継続支援B型事業所などでおこなわれて
いる作業をみてみると、本人に合っても合わなくても課題が提供され、時間
内でこなしていくという無意味な作業が残念ながらかなり多いです。利用者
が工賃もなく、何年も同じ作業を毎日繰り返し、無駄な労力を費やすだけで
学ぶ機会がない状況に悲しくなります。手あかで汚れた作業課題、個人のレ
ベルに合わず簡単すぎる作業、単に時間つぶしのためだけの作業……。そこ
には、個人の成長も喜びも見えません。課題を与えておけば手間が省ける、
以前からしていたのでそれを続ければよい、それを与えるのが職員の役目
だ、と思っている人がじつに多いのです。職員も同じ物を提供するのに飽き
飽きしていることもあり、仕事への楽しさが見いだせない人もいます。プロ
の支援者として、果たしてそれでよいのかどうかをもう一度考えてほしいと
思います。これを覆すためにも、ある程度刺激のある作業課題、例えば日常

作業に必要なマッチングやボードゲームなどの遊び、買いものや洗濯などの家事、地域との交流などを提供し、健康生成論の3つの要素を入れ、あらたな視点の獲得と発想の転換をしてもらいたいです。そうすれば、利用者さんも成長し、支援者としてもやりがいがでてくるのではないでしょうか。

> 工賃のない作業活動の合間に、私はボードゲームをデイサービスの成人強度行動障害の人に提供しています。ある時、驚くことに、28ピースの簡単なジグソーパズルをすぐにできた人がいました。みんな偏見があり、彼にこれほどの知力があると思っていなかったのです。32ピースもクリアできました。54ピースのときに、彼はパズルを裏側にするとそこに数字が書かれているのを発見し、今度は数字を合わせながら裏側だけでクリアできたのです。彼の得意そうな笑顔。新しい気づきでした。これを伸ばそう！　大きな発見に、職員は驚き、喜びました。

支援とモンテッソーリ教育の関係

支援について考えるとき、とかく日本ではサービス過剰になりがちです。介護だからと、その人ができることまで奪ってしまいがちです。その結果、利用者は意思表示のない受動的な人間になります。そのときに思い出してほしいのが、モンテッソーリ教育です。

マリア・モンテッソーリはイタリアの医学博士で、自由に遊ぶ子どもたちを観察して、「子どもは、自らが学ぼうとする姿勢を自然に身に着けているので、おとなはそれを手伝うだけでよい」という幼児教育の理論を確立した人です。例えば、2歳児が自分で顔を拭きたいのに、おとながそれをしてしまうと顔を拭くという行為を学ぶチャンスを奪ってしまうことになります。だから、顔を拭きたいときにはタオルを渡してあげるのです。そうすれば、少しでも自分で拭いたという達成感を味わうことができるし、学習するよい機会になるのです。あくまでも、子どもが持つ成長能力の加担をするだけでいいのです。

「できないから」「時間がかかるから」と勝手な先入観やケアする人の都合で障害者に服を着せたり顔を洗ったり、食事を与えたりし、操り支配し

てしまうことは、彼らの学習する意欲や機会を排除していることになるのです。障害者が「自分でやりたい」とおもうことや、できることは、時間をかけてもやり遂げられるように助けてあげることこそ、本当の意味での支援です。

　また、モンテッソーリ教育では、子どもが興味をそそることは、継続して遊ばせることに意義があるとしています。継続して集中していると、そこから新しい発想が生まれるからです。だから、自ら好んで同じことばかりしているからと、新しい物を与える必要はないのです。

　ところで、モンテッソーリ教育では、自由であることを尊重しています。私も本当に重度、最重度の発達障害のある人たちが自由に歩きまわれる、自由に飛び跳ねられる環境があればと願っています。しかし、彼らが一歩社会という集団の中へ入れば、自由だけでは過ごせません。そこにはある程度の秩序があり、それを最低限守らなければ、社会参加が困難になります。では、自由にできる場所にいればいいとなると、隔離・施錠になります。それが人間的な生活かどうか、考えればすぐにわかります。情報処理能力に乏しい発達障害者や知的障害者には、興味嗜好への執着、こだわりを持つ人も多く、それが強制観念に発展することもあります。夢中になれることがあるとやめられずに食事もとらない、大好きな猫のハンカチを常に持ち歩き、それが見当たらないとパニックになり泣き叫ぶ、などです。そういった行動を減らすための方法については、第7章に書きましたので、参考にしてください。

　「自由であれ」というモンテッソーリ教育には賛成ですが、常に放っておけばよいのではなく、その人の得意とすることを見つけ、ワンランクアップすることをめざし、いろいろなことに興味をもつように誘導することも必要だと思います。微妙なサポートのバランスを考えながら、そのバランスを見つけるのが、保育者であり支援者だと思います。

② 正常発達を知ろう

正常発達を知ることの大切さ

　ところで「作業療法士」は子ども達のどんなところを見て、指導していくのでしょうか？

　それは、一にも二にも正常発達に沿って指導していくということです。この基本は、保育士や支援者と変わりありません。

　正常発達を知ることは作業療法士や保育士、支援者の基本中の基本です。

　まず、子どもの正常発達を熟知した上で、目の前にいる子どもの成長がどこにあてはまるかを知ろうとします。これを発達評価といいます。それによって、子どもの発達レベルが、年齢相応な正常発達をたどっているか、波のようになって得て不得手があるアンバランスな状態か、正常発達よりは、ずんと下がってまだまだ未発達レベルであるかを知ることができます。そこから、その子どもに合う（興味のある）活動を探し、提供し、ワンランクアップのための練習、訓練をして成長を促していくのです。訓練・練習とは、単に苦手を克服するための修正ではなく、楽しく遊ぶ感覚で発達を促し、その子ができることを積み重ね成長することをいいます。それが、ゲーム感覚で何度も試してみる絵合わせなどのマッチングであり、パズルであり、積み木やレゴブロックであり、また身体を存分に動かして遊べる園庭や公園にある遊具や環境なのです。

　ですので、子どもと粘土遊びをしている作業療法士を単に遊んでいるとみず、粘土遊びにその子どもに合う機能訓練の要素が含まれていると察知してほしいものです。こんなふうに子どもの訓練（遊び）へのモチベーションを見つけてあげるのが、作業療法士・保育士・教師・支援者の役目です。

　だから、作業療法士が第一にすることは、子どものライフステージを常に考慮し発達レベルを知るということです。

　一般的に発達評価をするときには、遠城寺式、デンバー式、J-MAPなどがあります。どれでもいいので、覚えやすい正常発達表を覚えてください。そのときに、全部を覚えるのは大変なので、簡単なごろ合わせやめぼしいも

のだけで覚えていくとよいでしょう。

図1

	1歳	2歳	3歳	4歳—5歳—6歳
言語発達	一語文「ママ」	二語文「パパ来る？」	三語文「ママカレー食べる？」	「車がいっぱい」「少し」「公園」などの抽象概念がでてくる
粗大運動	そろそろ独りで立ち、歩ける。	つま先歩き、かかと歩きができる。	三輪車に乗れる。両足をそろえて前に飛ぶ。	キャッチボールができ始める。片足立ち、スキップができる。
微細運動（手の機能）	2本の指でつまむ。積み木が2個積める。	ジャンケンのチョキが出せる。	大きなボタンをはめられるようになる。	鉛筆握りができる。〇や□描ける。ハサミが使える。
社会性	親から離れて遊ぶ。	真似する。ままごと。	順番が待てる。	ジャンケンがわかり始める。自分と他人の理解。
言語理解	要求がわかる。「バイバイ」	長短がわかる。	3までの数がわかる。	5から10まで。
概念	身体の部分、目、鼻などが分かる。	大小がわかる。	基本の色がわかる。	左右がわかる。

（遠城寺式、デンバー式、フロスティッグ、スウェーデンの作業療法士ランツの発達表など参考）

図1のように、自分なりの目安を見つけておくと、子どもの行動を観察しやすくなります。見るだけで、「この子は運動能力に強みがあるな」「この子は数字が得意なんだな」「この子は言語に長けてるな」と気づくことができるのです。この気づきが、その子の得意分野を広げ伸ばす支援者の支援の視点になります。もちろん、年齢にきっちり沿うことはなく個人差もあり、多少の成長幅はあります。よくしゃべる子どもは言語発達の成長が早いし、おっとりしている子どもは成長が遅いと判断できます。運動の成長でも、アウトドアの好きな親の元では運動能力が発達します。しかし、例外はありますが、ほとんどの子どもはすべての成長過程を順序よく1歳、2歳、3歳とこなして発達します。こうやって、非常に簡単ですが自分なりの成長発達表を作ってみてください。

正常発達を学ぶときに考慮してもらいたいこと

　正常発達を見極めるとき、原始反射がポイントになります。原始反射とは、人間が成長するのに欠かせない新生児から始まる反射です。サバイバルするために本能的に備わっている反射、座位・立位など姿勢を保つ反射、危険を予防するための反射など、いろいろあります。この原始反射がなければ、赤ちゃんは生き残れないので、原始反射を知ることは非常に重要です。新生児は吸啜反射、探索反射など、生まれてすぐに母親の乳を探し、吸いつく行為が自然にできます。生きるための行為ですが、この反射が強いと、お乳ではなく親指を吸う指しゃぶりがはじまります。さらに離乳していても指しゃぶりがなかなか治らない人もいます。成人の重度知的障害者の中には、この行動がいつまでも続いている人をよく見かけます。身体は大きいのに指しゃぶりをし、正常発達をみても1〜2歳程度の知的能力です。また、なんでも口に入れたり、服やタオルを噛んだりし、心理学者のフロイトはこれを「口唇期依存傾向期を脱していない行為」と言っています。また、いつまでも指しゃぶりしていると、歯の成長・歯並びに影響したり、食べ物をこぼしたり、飲み込みや噛むことが苦手になったり、言葉や発音に問題が生じたりします。

逆に、発達障害児の中には、この原始反射が出ない子どももいます。私が
スウェーデンの保健所で働いていたとき、お乳を吸わない赤ちゃんを抱いた
母親が訪れてきました。体重も軽く、成長が止まっているようにも見えまし
た。母親が赤ちゃんを抱きかかえるのですが、だらんと腕を垂らし、目の焦
点も合わず、お乳に全然興味も見せず吸わないのです。母親はとても不安そ
うでした。無理矢理にでも哺乳瓶で飲ませないと、死んでしまいます。この
赤ちゃんはのちに、重度の自閉症児と診断されました。

　原始反射と発達障害の関係性は、まだまだ明らかにされていない部分が多
いです。しかし、正常発達は原始反射の有無がバロメーターになります。こ
の原始反射は、出現すると成長によって消滅し、統合されていきます。出現
するべき時期に出現せず、消滅すべき時期に消滅しないと、正常発達のバラ
ンスが崩れ、何らかの脳機能の異常が生じているのがわかります。

　病気や事故の後遺症で脳障害が出ると、原始反射が新たに生じることがあ
ります。こういう新生児ではない時期に発症する反射を、病的反射と呼びま
す。

　私が働いていたハビリテーリングセンターに、バイク事故で後遺症を持っ
た少年がやってきました。全身マヒで最初はほとんど植物人間状態でした。
服を着せるのもとても難儀でした。ところが、着替えのときに非対称性緊張
性頚反射が現れたのです。頭を横へ向けると、同じ側の腕が伸びるのです。
だから、服を着せるときには少し頭を横へ向け、伸びたほうの腕に袖を通す
ことができました。やむを得なく病的反射を利用して、服を着せた形になり
ました。

　障害児を持つ母親には、自然に芽生える愛情が出てこないで、つい愛情を失いそうにな
ることがあります。これを愛着障害といいます。産後の疲れもあり往々にして虐待も起こり
うるのです。この原因には実は産後のホルモンの影響が多分にあります。母親のエストロ
ゲン量が産後急激に減り、情緒不安定に陥りやすくなります。さらに子どもが夜泣きをした
り、お乳を吸わなかったりすると母親は身体を休めることもできないまま、不安で長期の鬱
を生じることもあります。そのため、我が子を愛したくても愛せない精神状態に陥ります。こ
のような産後鬱から生じる愛着障害は母親に一切非はありません。しかし、子どもを愛そう

とする努力は放棄しないでほしいと思います。四六時中の愛でなくてもつかの間の愛、量より質です。そのときこそ周囲の人たちが母親の手助けをするなり、一時預けできる場所などを利用すべきだと、私は思います。母親の身体を素早く治療できる唯一の方法は、十分な睡眠だからです。

原始反射が残るとどうなる?

　原始反射が消えずに残ると、発達にどのような影響があるのでしょう。

　緊張性迷路反射（頭を前後に傾けると、両手足の屈伸が生じる。後方は伸び、前方は屈曲する反射）が残ると、前庭感覚や固有受容感覚に支障をきたします。年齢相応に必要な手足の協調運動などがスムーズにいかなくなります。いわゆる「不器用な子」といわれ、注意散漫や視・知覚の異常、衝動的行動が出やすくなります。

　モロー反射（大きな刺激によって、身体全体が瞬時に反応する反射。闘争、逃避反応）が残ると、生活作業に支障をきたすだけでなく、予期不安があらわれたり、音や光に敏感で衝動的行動や活動過多で感情的になりやすくなります。

　パーマー反射（手のひらになにかが触れると指を握る反応で、身体全体の筋肉にも影響を与える反射）が残ると、鉛筆を握り書くことに集中すると、姿勢を保持できずに姿勢が崩れてしまいがちです。こういう子どもに対して、姿勢を正しくしなさい、などと強要する教師は、子どもにとってどれだけのエネルギーを要し、つらいのかわかっていません。姿勢云々よりも文字をしっかり書いてもらうことに集中したほうがよいでしょう。

　足底反射（足底になにかが触れると屈曲するか、足が反ったり開いたりする反射）が残ると、バランス能力が弱く、でこぼこの道を歩くのを難しく感じたり、運動が苦手で運動遊びに参加したがりません。

　ギャラント反射（脊椎の片側をなでると、同じ方向へおしりが屈曲する反射）が残ると、注意散漫になりやすく、身体がもぞもぞ、そわそわと落ち着

きありません。

恐怖麻痺反射（胎内で母親のストレスに反応。恐怖を感じると身体が固まるなどの反射）が残ると、感覚過敏、あるいは鈍感になることもあります。味や匂いに敏感で偏食やこだわりが強く、自己肯定感やストレス耐性が低いです。そうなると、引っ込み思案になったり、時々パニックになって奇声を発するこすらあります。

長年、発達障害の支援をしていると、共通して現れる症状があります。そのとき、その要因が原始反射にあるのではないかと考えると、しっくりいくのです。

　私が受け持った児童に、階段が下りられなくていつも立ち止まる子どもがいました。ちゃんと足元をみているのですが、なかなか下りられないのです。階段の奥行、高低の判断が必要な空間認知がまだしっかりと備わっていなかったのです。同じように、女児ででこぼこの道を歩けない児童がいました。やはり、足底反射が残っており敏感で足裏が平坦でないと不安を感じて動けなくなったのです。

　老眼の私は、初めて遠近両用のメガネを試したときに、階段の感覚が全然つかめなくて立ち往生したことがあります。この感覚を彼らは感じていたのかと、そのとき分かった気がしました。

反射には、消滅していくべき原始反射とは逆に、新しく現れて一生続く反射もあります。パラシュート反射やホッピング反射など、転びそうになると手や足が出て防御してくれる反射がそれです。ところが、高齢になると、これらの反射が逆に出にくくなって、転んでも手や足で止められずに顔面を打ち、ひどい怪我になることもあります。ですから、反射を知ることは成長や加齢のバロメーターにもなります。

　ある夕方、同僚が歩道を歩いてつまずき目の前で転びました。ちょうど、スローモーションをみるように転んだのですが、見えたのは両手が前に一瞬で出ていて、そのおかげで顔は怪我しないですみました。私のフォローとしては、パラシュート反射がでていてよかったねえ、まだ衰えていないよ。と慰めのつもりでいったのですが、本人は足をひねって捻挫、相当

痛かったらしく、自然治癒に1カ月ほどかかったらしいです。転ばないで済むホッピング反射のほうは、少々衰えていたのかもしれません。

遊具が育む
子どもの発達

「遊びの環境」を準備する

　ほとんどの子どもは、人間が本来持つべき基本的な能力を身につけて生まれ、日常生活からあらゆることを自然な形で吸収し、学習を重ねて成長していける能力をもっています。だからこそ、その子どもが囲まれる遊びの環境が重要になってきます。環境が重要だと言っても、物理的環境だけではありません。成長時にかかわる人すべての人為的環境も大切です。そこに愛があふれ楽しい環境があれば、子どもは自然に育っていきます。もちろん、過剰になりすぎても欠如しすぎても問題で、適正適度の環境が人の成長には欠かせないということでしょう。

　しかし、発達障害児にはそれがとても困難です。なぜなら、欠如している、あるいは敏感すぎる感覚器官（五感＋深部感覚）や、それらを統合する調整能力が弱く、基本的能力を周囲から一定期間内に獲得するのが困難だからです。特に、言葉に頼る指導には非常に疎くて効果があまりありません。

　では、なにが最も効果的な学習であり、訓練なのでしょうか？

　それはさまざまな「体験」ができる「環境」を子ども達に与えることです。それも、できるだけ早く。たくさんの体験をすることで、その子のできることが増え、得て不得手がわかり、克服する手段を知り、その子の好きなことを発展させられるのです。専門の保育士、支援者、教師は子どもを誘導し、観察し、気づき、何度も楽しく訓練・練習を重ねられるように促します。そのために、あらゆる経験や刺激を豊富に取り入れた「遊びの環境」を準備し、その中で自由に選択して遊ぶ機会を提供すれば、子どもは自ずと未発達の感覚を獲得していけるようになると、私は考えています。では、そんな発達に欠かせない「遊びの環境」とはなにかを、作業療法士の視点から解説していきたいと思います。

　わたしは利用者さんや幼児をみると、つい観察してしまいます。箸の持ち方、話し方、階段の上がり下り。これを職業病とも呼ぶのでしょう。利用者さんの中に1人、常に戸口に置いていたマットを踏まない人がいました。いつも飛び超えていくのです。そうやってみていると、

他のところでも、床の色が違うところはなるべく踏まないように用心深く見ながら歩いているのがわかります。感覚認知が鋭く、こだわりのある人でした。こんな発見があるのです。

運動遊びの環境、公園や保育園・幼稚園の環境の重要性

　ある入居施設の利用者さんは、スヌーズレン（P45）の部屋にブランコを取り付けると、最初は恐るおそるブランコに乗っていたのですが、日が経つと、何とブランコの鎖を持たないで身体だけで重心をとりながらユラユラと揺れるようになっていました。いつのまにか、体幹やバランス機能が鍛えられて両手で身体を支えなくても、ブランコの揺れに身を任せることができていたのです。

　また、自転車や四輪カートが自由に乗れる場所があり、自転車に乗れない人も四輪カートで自転車のように足で漕いで前へ進むことが体験できました。最初は、ペダルを漕ぐという行為がわからなかった利用者さんは、足で歩いてカートを前に進めていました（正常発達1〜2歳相当）。やがて足をペダルに乗せてシーソーのように上下運動させ、そのうち自転車のようにペダルを回し漕ぎ（正常発達3歳相当）できるようになっていたのです。漕ぐことを知らずに育ってきた成人の発達障害者ですら、新たに学ぶことができたのです。これには、保護者も支援者も驚き喜んでいました。このように、成長できる要素を取り入れた遊具や刺激のある環境を整備することによって、成人になっても発達が促進可能なのです。

　成長の早い幼児にとって、これらの遊びの環境を提供することは本当に重要なのがわかります。ところが、日本では園庭の遊具で事故や怪我が起こると、すぐにそれらを排除してしまう傾向にあります。安全を第一とする理由はわかりますし、責任問題に厳しい日本の事情はありますが、そのために多くの成長要素を取り除いているようにも思われます。しだいに子どもは、部屋の中でおとなしくゲームに夢中になっていれば安全で安心だと錯覚してしまいます。運動嫌いな子が増え、ブランコが取り除かれて園庭にはブランコの枠だけ残っているのをみると、寂しくなります。ブランコの板が危なけれ

3

ば、ゴム製にするとか、地面に柔らかい素材を利用するとか、工夫はいろいろできると思います。どんなに安全を考えていても、事故は起こりうるものです。幼児は、親の目の前でも転んで怪我をします。もう一度なにが重要かを考えてもらいたいものです。

運動感覚を育てる

　では、成長のために必要な要素、感覚刺激や運動体験にはどのようなものがあるのでしょうか？

　人間には5つの感覚（味覚、嗅覚、視覚、聴覚、触覚）があるのは、みなさん周知のことです。人間はさまざまな環境で、見たり、聴いたり、嗅いだり、味わったり、触ったりしながら、感覚を通して成長していきます。母親の顔、声、お乳の匂い、柔らかい肌の感触など、感覚器官で受け取った刺激を神経回路を通じて大脳へと知らせ、脳から運動中枢を通して運動器官、受容感覚、前提感覚へと指令を出し、お乳を吸ったり、味わったり、満腹と感じたり、母親への愛情を感じたりしていきます。その指令回路がスムーズだと、自分の意志で細かいことまでできるようになります。五感があるからこそ、周囲の刺激を取り入れて脳に伝えることができるのです。そして、その刺激のレスポンスを今度は脳から指令としてすべての筋肉や関節、また五感へと伝えていくのです。受け取った刺激をもう一度試したい衝動にかられ、見たものを追視し、味わったものをもう一度食べてみようと手に取るのです。五感の他に、運動感覚として獲得する前庭感覚（平衡感覚）と固有受容感覚もあります。

　前庭感覚（平衡感覚）とは、身体の回転、加速度、重力などが自動的に認知できる感覚で、転ばないでちゃんと座ったり、立ったり、走ったりできるバランス感覚のことです。

　固有受容感覚は、筋肉や関節が自動的に身体の力加減や位置情報などを認知する器官です。身体の末端がどこにあるか、腕や足の長さはどのくらいか、取りたい物に届くか否か、ジャンプするとどの位の衝撃を受けるか、卵を掴むときはどのくらいの力で持てばよいか、体操をするときに先生と同じ

ように身体模倣ができるかどうかなど、身体の動きを滑らかにする感覚能力です。

　運動のレスポンスは、これらの感覚を通して新たに外界と身体の内部とにつながっていきます。それらがうまく活用できないと、歩くことも走ることも困難になり、さらにさまざまな日常生活の何気ない作業がスムーズにおこなえません。それが、方向音痴、運動音痴、不器用、衝動性・多動性があり落ち着きがない、注意散漫で集中できない、転びやすい、物を落とす、暴力などの症状として現れるのです。

人間がもつ感覚の統合

感覚器官 ➡ **知覚** ➡ **認知**

臭覚
味覚
触覚
聴覚
視覚

自覚しやすい感覚

固有受容感覚
前庭感覚

自覚しにくい深部感覚

意識体験。
受動的かつ能動的に情報を獲得。

脳で理解し判断。

環境からの情報を感覚で受け取り、理解し処理したり、整理したり、統合(まとめること)する脳の働きを感覚統合という。

乱暴な子どもがいるとします。その子はほかの子どもを叩いたり、引っ張ったり、大声をだしたりとみんなから敬遠されがちになります。そのとき、「乱暴をしないの！」と叱る前に考えてもらいたいことがあります。その子は、ひょっとして固有受容感覚や触覚がまだ未発達なのかもしれない、と。叩くときの力、引っ張るときの力、声を出すときの力など力加減が身に着いていないのかもしれないのです。そうなると、いくら「乱暴しないの！」と叱っても治りません。では、どうすれば効果的に指導できるのでしょうか？

　友達を触る前に名前を呼ぶ、その子の手をとって相手の肩にそっと手を置くなど、ソーシャルスキルを教えるのと同時に、粘土遊び、木のぼり、砂遊び、ボルダリング、トンネルくぐり、水遊び、滑り台など、自由な活動（遊び）のなかで自然に力加減が身に着くようにし、学べるチャンスを何度も与えてあげることでしょう。もちろん、原始反射の影響で衝動的行為のある子どもでは感覚を獲得するのに時間がかかり、なかなか治らないかもしれませんが、少なくとも減少はすると思います。

　人は、環境からの刺激を情報として受け取り、自動的に脳へと伝達し、情報処理し、取捨選択して、すべての感覚を統合させながら成長していきます。運動遊びの他に、知育玩具、お絵かき、食事、工作、親子の対話など、すべてがこの環境刺激に含まれます。

　しかし、何らかの原因で、この情報処理がうまくできない幼児がいます。同じことを学ぶのに、一を知って十を知るような幼児ばかりではありません。時には、何度も挑戦してゆっくり学ぶ幼児もいれば、何度トライしてもなかなか身に付かない幼児もいます。だからこそ、一人ひとりの幼児の成長速度にあった、刺激の豊富な環境を整備し、その中で遊びながら、バランスのよい能力を身に着けるチャンスを与えるべきなのです。一人でできない場合は、支援者がともに遊ぶことで真似させたり、勇気を与えられます。そのチャンスこそが正常発達を前進させ、自立へと近づく一歩なのです。

成長に欠かせない環境—遊具の役割—

　誰でも親として、子どもの成長を願わない人はいません。しかし、危ないからといって自転車や水から遠ざけなにもさせずにいると、自転車に乗れない、泳げない子になりがちです。子どもは危険だと知っていても、木のぼりをしたがり、坂を走って下りたりするのです。そのときに、木から落ちそうになれば、木をしっかり握るようになり、走って転びそうになると、速度を落とし適応する能力を身につけていきます。そして、子どもの身体の筋肉という筋肉、関節という関節、あらゆる身体の感覚機能を研ぎ澄まし成長していきます。成長に欠かせない環境とは、このようにあらゆる場所や状況の中で瞬時に適応能力を自発的に引き出せる環境です。このような環境を提供しているのが、身近にある遊具です。

1　ブランコ

　ブランコは、不安定な状態のなかで姿勢を維持する体幹を鍛え、運動神経や体力の向上、さらに自立心や適応能力などが自然に身に着く最良の遊具です。

　ただブランコに何度も乗っているだけで、幼児にこれらの発達要素がすべて身につくすばらしい遊具です。

　赤ちゃんは座れるようになるとブランコに乗せることができますが、自分で身体は支えられないので、背もたれのついた座椅子や親の援助が必要です。

　2歳半から3歳ごろになるとブランコの鎖を一人で握り閉める手指の機能が発達し、親指が十分開いて他の指とともに物を握り、握力も強くなります。ブランコの加速がついて身体が傾いても落ちないように、自分の

身体の重さを支えることができるのです。鎖を持ち、姿勢を保持するために肘を伸ばすのではなく、曲げることも学びます。手指の筋力はもとより、腕の筋肉、上腕筋、肘を曲げるのに必要な腕橈骨筋などが鍛えられます。初めは自分では漕げないので、親に背中を押してもらうことになりますが、そこで身体が重力とは反対方向へ向かって飛ぶ感覚を体感します。落ちないために、握る力を飛ぶ角度に合わせようと自然に筋力を調整することを覚えます。これは筋肉と関節を同時に感じ、自動的にコントロールする固有受容感覚を養います。

　身体が浮いたり、止まるときに衝撃を感じたり、揺れで起こる風が顔に当たる感触などに不安を感じない力なども、同時に養えます。ブランコの上で身体が傾いても移動しても、身体は常に無意識のうちに自動調整して姿勢を保とうとする前庭感覚（平衡感覚）を養うことができます。

　3〜4歳ごろになると次第に、ブランコに座ったまま揺れる振幅方向に合わせて両足を伸ばしたり曲げたりしてブランコを漕ぐ力が湧いてきます。足の屈伸に必要な筋肉、大腿筋、ハムストリング、ふくらはぎなどの下腿筋など、インナーマッスルも含めて筋力がつき、漕ぐスピードも自分でコントロールできるようになります。揺れと同時に足を伸ばしたり、曲げたりするタイミングを自動的に身につけていきます。大きく足と腕を伸ばして体重を後方へかけると身体が前方へ押し出され、よりスピードが増し、小さく身体をゆすると小さく動くなど、身体が感覚を覚え加速調整が楽しさとともに自然に身に着きます。また、加速しているブランコからつま先

で地面に触れてブレーキをかけるなど、止まる方法も身体がしだいに覚えていきます。

　4〜5歳になると、今度はブランコの上に立って漕いだり、スピード調整できるようになります。これが適応能力です。

　ブランコから得られるものは、体力向上と感覚統合能力だけではありません。周りの友達や幼い子どもとぶつからないように配慮する力も必要になります。また、自分も他の幼児が乗っているときには、ぶつからないよう近づかないことも覚えます。そこから、周囲の危険を察知する能力、すぐにスピードを止める判断力や決断力も養います。また、ブランコに乗りたいからといって、他の幼児を振り落とすことはできません。順番を待つための忍耐力、抑制力が必要にもなります。

　ブランコに乗るという活動で、手足だけではなく身体全体の体力の向上や筋肉・関節の柔軟性、バランスの調整能力、体幹筋力、視覚など複数の感覚器官との協応力、そして常に周囲を意識する社会性と適応能力が培われるのがわかります。

　ですから、危険だからといって園庭や遊園地のブランコを禁止にするのは、これらの成長発達の邪魔をしているにすぎません。

ブランコの活動分析

【育つ力】　固有受容感覚・前庭感覚・体幹・空間認知・握力・社会性・五感・自己抑制力・自己肯定感、など

・ブランコを見つける（視覚）、モチベーション、乗りたい意欲

・ブランコが当たらないように気を付ける注意力・順番を待つ（自己抑制）

・両手で掴み体重を支え振り落とされないための握力と握力調整（固有受容感覚）

・体重移動による姿勢保持（前庭覚）

・腕の伸縮とタイミング

・重力への抵抗で身体が浮いてもパニックにならない精神力

・落ちないための危険察知と危険予防

・姿勢の調整と体幹のコントロール（身体認知）

・両足の伸縮運動、リズム感

・動く視野（視覚、前庭覚。空間認知）

・立っても漕げる体幹保持

・高く揺れているときの快感

・足を地面につけてブレーキをかける足底の感覚

・おりるときの手を放すタイミング

・おりるときの身体を支える足首、筋力と弾力性、体幹の調整

・周囲の危険性に配慮、ブランコを独り占めしない自己抑制力と社会性

2　滑り台

　滑り台も、誰しもが体験したことがある遊具です。

　階段の手すりを両手で握りしめて、一段一段のぼっていきます。不思議なことに、滑り台の階段は普通の階段よりかなり傾斜があります。両手で身体を支えなければ、のぼれません。幼児が歩けるようになると、時には部屋の中に置いてある小さな滑り台を滑ります。また、公園の大きな滑り台も、親とともに滑り下りたり、下方だけを滑らせてもらったりしています。しかし、幼児も3歳前後になると一人で階段をのぼり、一人で滑り下りるようになります。滑り台の高さは種類によってさまざまで、毎回初滑りはチャレンジです。自分の身体の数倍もある長さや傾斜の厳しい滑り台は、加速もはやく、おとなでも少々戸惑うこともあるはずです。

　滑り台の階段ですが、1歳半から2歳ごろになると、子どもは普通の階段を一人で上がれるようになります。このころは、一段に片足をかけて上がると両足をそろえ、また一段上がると両足をそろえてのぼります。一気に片足ずつ交互に上がることはしません。それが成長の順序なのです。

ある駅の階段を、おばあさんが2才くらいの孫らしき子どもの手を引いて上がっていました。子どもは、一生懸命足をそろえては次の階段へとあがっているのですが、お婆さんは、電車に間に合わないのか「早く歩きなさい！」と怒っていました。子どもの膝上までありそうな階段の高さです。酷なことをいうおばあさんだな、とその子が可哀そうでたまりませんでした。発達には順序があるのです。

　滑り台の階段は、そのほとんどに手すりが付いているので上がりやすく、両手で身体を支えながら一段一段上がっていけるので、両足をそろえず片足ずつ上がるための最適な練習場でもあります。足を踏み外さないように身体を支え、身体の重さを持ち上げるための手指や腕力を向上し、階段を蹴って上がる足腰の筋力をも増進させます。滑り台は、ブランコのように不安定ではありません。固定されている遊具の中で子ども達自らが動く遊具です。滑り台の傾斜に合わせて座位の身体の姿勢を保持するには、前屈すると前に転んでしまう感覚を素早く感じ取り、瞬時に後方へと身体を倒しバランスをとります。この自動的に成せる重心移動で背筋や腹筋の体幹が鍛えられ、身体が傾斜していても姿勢が固定できるようになります。そして、滑るという加速度に順応できる力が養えます。

　滑る楽しさを経験すると、何度でもチャレンジしたいという意欲が湧いてきます。そして、うまく滑ることができると、それは達成感とともに自信にもつながります。滑り台という簡単な遊具ですが、幼児が成長するときには、身体のさまざまな機能を活性化させ、協調させることを学べるのです。

　もちろん、ブランコと同じく、滑り台を滑るにも自分の順番を守るという社会的ルールに従わなければなりません。また、他の人が滑って下りるのを待ち、勢い余って他の幼児の上

に滑り落ちないように、その人が滑り台から離れてから滑るという配慮もするようになります。同じく、階段ではなく滑り台をのぼっていくと、上方から下りてくる他の幼児にぶつかって事故を起こしかねないので、滑り台をのぼらないというルールも学びます。成長すると、滑り方もしだいに激しくなります。寝たり、腹ばいになったり、頭を下にして滑ったり、いろいろチャレンジしてみては、身体に課す重力の重みや加速度を認識し、成長していくのです。

滑り台の活動分析

【育つ力】　スピード感・スピード調整・固有受容感覚・前庭感覚・体幹移動・空間認知・握力・社会性・五感・自己抑制力・自己肯定感、など

・滑り台を見つける（視覚、選別）

・滑り台の階段をのぼる（固有受容感覚、握力、脚力）

・滑り台の上から下界を見渡す（視覚、空間距離感）

・順番を待つ（社会性）

・滑り台の上段で滑走台を見下ろして、湧きあがる恐怖を乗り越える勇気と決断力

・座って滑る（座位、スピード感、スピードの調整、体幹の移動）

・スピードが出すぎて怖くて不安になるが、精神力でカバー（友達とともに滑るなどして怖さに打ち勝つ）

・両足を前に出してスピードを制止する固有受容感覚の発達（スピードの抑制、制止）

・後ろの人が滑れるように、すぐに立ち上がってどく（配慮する社会性）

・達成感

・もう一度滑りたい好奇心

3　鉄棒

　楽しく鉄棒で遊んでいる子どもが、見ている
私のところへ走り寄って、両手を見せてくれま
した。「鉄棒をしていると豆ができるよ！」と教えてくれたのです。痛い思
いをしながらも楽しくて毎日鉄棒をしているというこの子の目は、キラキラ
していました。強く握っていると掌に水の入った袋ができ、それがやぶれる
と痛く、しばらくすると新しい硬い皮膚ができます。また、鉄棒で同じとこ
ろに水袋ができる、その繰り返しです。でも、その掌の豆は活発な彼女の勲
章です。手の変化を知り、自慢に思っているのです。すばらしい体験だと思
います。

　ぶら下がるだけから、鉄棒の上に身体をのせ、お腹と両手で支える姿勢ま
で、何度となく試しては失敗する鉄棒。校庭の隅には必ず鉄棒がありまし
た。ぶら下がることしかできなかったときは恨めしく思っていた鉄棒も、
いざ逆上がりや回転ができ始めると自慢に思ったものです。この心境の変
化は成長で得られたものです。
でもいつまでたってもぶら下が
りから卒業できない子どももい
ます。得て不得手？　一体なに
が違うのでしょうか？　鉄棒を
身体に近付けて足で助走をつけ
ていっきに体を回転させるコツ
は、練習しながら獲得していく
ものでしょう。そのためには、
すぐにあきらめない忍耐力が必要になります。

鉄棒の活動分析

【育つ力】　固有受容感覚・前庭感覚・体幹・忍耐力・握力・危険察知力・五感・
　　　　　自己抑制力・自己肯定感・回転感、など

・目で見つける（視覚）、決断する勇気

・手を伸ばそうと、運動が自発される

・掴むことによる握力、5指の関節と筋力の収縮（固有受容感覚）

・順手と逆手の使い分けをする能力

・鉄棒が手の平に当たる感触、掴む力加減

・身体を支える重力への抵抗、地面からまっすぐになっている身体の認知（前庭感
　覚）

・落ちないための危険察知と危険予防、姿勢の調整と体幹のコントロール

・足を地面につける足底の衝撃コントロール

・跳ね上がるとき身体を支える足首、筋力と弾力性、体幹の調整

・できた達成感、自己肯定感、次へチャレンジする心

・感覚と運動が連動して遊具を楽しめる、モチベーションが上がる

　感覚と運動がうまく統合できていなければ、楽しめず難しいと感じ、無力
感を味わうことになります。そこで支援者がコツを教えたり、勇気を与える
ことも大切になります。

4　うんてい

　5歳前後の幼児は自分の身体
の重さを支えるだけの握力や腕
力が備わると、鉄棒や“うんて
い”を試したがります。どちら
も固定された遊具ですが、異な

る遊びです。鉄棒のようにぶら下がるだけなら、親指をしっかり鉄棒に絡めて体重をすべての手指にかけます。が、"うんてい"となると、親指をしっかり握りしめてしまうと、振り子の要領で揺れることはできません。親指を４本の指に合わせて鉄棒にひっかけるだけのほうが、落ちる危険性はあっても、体を揺らすことができます。

　また、"うんてい"は片手でぶら下がる必要があり、その恐怖心と戦うことも必要になります。"うんてい"にのぼり、両足を外してぶらさがるその一歩には、勇気と決断力が必要です。身体を片手・両手にゆだねる瞬発力も必要です。高所で恐怖心を克服すると、自信につながります。片手で自分の体重を支えられ落ちないとわかると、リズムを刻んで手を交互に放し、次の鉄棒へと移動します。このときに振り子の要領で瞬時に体重移動する能力が必要になります。また、あきらめないでどれだけの時間ぶら下がっていられるか、手指にかかる負荷をどれだけの時間耐えられるかの持久力も必要になります。鉄棒を３つだけ移動して力つきておりる場合は、高いところからジャンプすることになり、落下による浮遊感を感じます。着地時には両足に体重がかかり、柔軟に膝を曲げて足にかかる衝撃を受け止める必要もあります。最初は誰しも、移動方向にむかって手だけを交互に移動させていますが、要領がわかってくるとリズムに乗って身体をねじり、より移動がスムーズになることを体感します。短い距離しか移動できなかった子どもが、少しずつ距離を伸ばし、いつしか"うんてい"全体を渡り切ります。この自分自身への挑戦と達成感は、他の遊具では得られないものです。

うんていの活動分析

【育つ力】勇気・リズム感・固有受容感覚・前庭感覚・体幹・握力・社会性・五感・自己肯定感・瞬発力、など

・うんていを見つける

・モチベーションと勇気

・体幹移動の速度調整

・握力

・リズム感

・忍耐力

・あきらめて下りる勇気

・手が痛くてもがんばる勇気

・着地時の衝撃に適応できる柔軟な身体の姿勢

・渡りきった時の達成感

5　クライミング・ボルダリング

　遊具の中には、ジャングルジム、棒のぼり、木のぼり、小山のぼりなど、高所を体感できるものがたくさんあります。

　重力に逆らって自分の背丈よりも一段上にのぼると、そこから見える周囲の景色は、いつも見ているものとはまったく違った感じがします。あなたも椅子の上に上がって周りを見れば、納得するでしょう。

　高所では普段見ている二次元の世界がいきなり立体的に見え、想像力を掻き立てます。高い所にのぼるという体験は、運動神経を活性化するだけでなく、下方をみる恐怖心との闘いでもあり、精神的な葛藤を乗り越えていくよい機会でもあります。

　赤ちゃんは、おとなから"高い高い"をしてもらうと、声を上げて笑います。一瞬にして高さの移動を体感するわけです。しかし、おとなという安全圏の中で得られる高さの移動です。自らのぼる木のぼりやジャングルジムなどは、手を放せば落ちてしまいます。安全圏でない場所で、自分の責任と向き合い高所を自分のものにする快感と達成感と強い精神力は、その挑戦をしない限り体感できません。さらにその恐怖を克服するからこそ、前へ進めるのです。

最近では、のぼったりおりたりするスポーツとして、壁面のフックを移動するボルダリングが流行しています。

　凹凸のある壁をのぼるときには、手指や足先に力が必要なだけでなく、腕の屈伸や足をかける凹凸の選択など瞬時に決断する判断力、落ちないようにする集中力が必要です。壁に身体をくっつけて、時には見えない位置の凹凸を足先で探り、身体の感覚だけで最も適した位置にある凹凸を利用するなど、身体の末端がどこにあるかを認知する能力が自然に備わります。また、まちがった場所を選んでもすぐに矯正できる判断能力と、飛びおりるときに宙に浮かぶ身体のバランスを保つ力なども鍛えられます。体幹もおのずとしっかりします。縄ばしごでも、自分の手足の先がはしごに対してどこにあるかを把握しなければなりません。頭の中で自分の移動が無意識のうちにプラン化されていて、最も適した場所に手を差し伸べ、足を置き、安全を確かめながら身体も脳も活性化されていくのです。また、1人でのぼるのではなく、他の幼児も同時にのぼっている場合には、自分の居場所や相手の居場所を確認しながら、自然に距離を測り、相手と同じ場所に手や足を置かないなど社会的ルールも育みます。

　のぼるのは意外と簡単なのですが、おりるほうが難しいと感じる幼児は多いです。特に壁に背やお尻を向けておりようとすると、高所なので落ちるという恐怖心がでてきます。のぼるときの要領で逆に移動すればよいのですが、不安のほうが大きくうまくいきません。それを乗り越えられるとおりる方法もわかり、のぼったときと同じ状態でおりることができます。体の中心を軸に手足を移動しておりるのは、8〜9カ月のハイハイしていた頃と同じ運動能力が必要ですが、垂直の壁での重力に反する運動なので、数倍の難しさがあります。これが、成長とともにひとつずつクリアでき、楽しさにつながっているのです。

ボルダリングの分析活動

【育つ力】勇気・忍耐力・予測・プラン化・固有受容感覚・前庭感覚・体幹・握力・社会性・五感・自己肯定感・瞬発力、など

・高いところへのぼるという意欲の向上

・勇気と決断

・恐怖心との闘い

・視野の広がり

・体重を支える手足の末端力、重力への抵抗

・落ちないための集中力

・危険なときに助けを呼ぶ力、判断力

・身体認知能力を発揮

・移動のためのプラン化、思考能力の向上

・姿勢保持のための持久力

・他人とぶつからないための気づかい

・上へのぼるのは、ハイハイ移動で簡単だが、横移動は垂直の壁のためさらに難し
　くなり瞬時のプラン化能力が必要

・下りるためのプランニング、反射神経

　　放課後デイに通う、背が高くて細い中学生男児がいました。ボルダリングなど得意だろうと思ったのですが、初めてのときはのぼれず、すぐに怒って椅子に座ったまま動こうとしませんでした。口数も少なく自ら話すことはほとんどありません。でも、のぼれなかった失望感と焦燥感は周りにも伝わってきました。何度もボルダリングを取り入れたワークショップをおこなっていたら、三度目に初めてのぼれたのです。達成感に溢れた笑顔をみせてくれました。今では率先してボルダリングにのぼれます。

　　以上、園庭や公園に恵まれた遊具環境があれば、子どもたちは遊具で遊びながらすべての感覚を十分に育むことができるのです。

刺激を与えるために、スヌーズレンを利用することもお勧めします。

　スヌーズレンとは、感覚器官や運動器官にさまざまな刺激を与える環境を造る環境設定法です。その部屋に入ると、周りから危険なこと以外は止められることもなく、触ったり、動いたり遊んだりしながら自発的に時間をかけて周りの刺激を学習し、受け取った感覚の情報をゆっくり処理できる場所です。スヌーズレンについては、拙著『スヌーズレンを利用しよう　資格がなくても簡単にできる』（新評論）に詳しいので、興味のある方はお読みください。

発達障害者への
具体的な支援

発達障害児への具体的な指導とは?

　近年、いろいろなところでティーチプログラムが効果的であることが立証されています。

　ティーチプログラム（TEACCH）とは、1963年にノースカロライナ大学でEric SchoplerとGary B Mesibovらによって研究され、自閉症の人のための新しいプログラムとして発表されました。以来、長年の実践と調整により、ティーチプログラムは包括的に自閉症者の理にかなったメソッドとなっています。

　ティーチプログラムをかいつまんで説明すると、つぎの４つの基本から成り立っています。

４つの基本

1）日常を構造化し、絵記号や写真で日課を知らせる
2）物理的構造化（環境の構造化）をし、ワークエリアやプレイエリアなどをつくる
3）絵や写真をつかってコミュニケーションを構造化する
4）作業を構造化する。活動の細分化や次になにをするかなどを予測できるようにする

　ティーチプログラムは、日常を構造化することによって自閉症者が抱える不安感をすこしでも軽減し、自立を促進させるものです。構造化とは上記の基本のように、日課（スケジュール）を細分割して、それぞれの活動を視覚でわかるよう絵記号（シンボルマーク）や実物の代用品などで自閉症者に知らせます。言葉の説明だけではわからない人も、視覚から入るとわかりやすいのです。

　絵記号と活動をつなげて理解するためにも、マッチングできる能力が必要です。想像する力の弱い人には、人形の靴や靴の絵記号をみて「散歩へ出かける」ということをマッチングして理解できるようにします。マッチング訓

練を日常的におこない、日課表を見てすぐに理解できるよう脳機能の訓練を
します。やがて、絵記号が文字になり、言葉と文字と行動とがマッチングし
て理解できるようになります。いかにマッチングが日常生活に必要か、おわ
かりいただけると思います。

　例えば、一日の日課を起床、トイレ、着がえ、朝食、学校、学童保育、帰
宅、トイレ、宿題、夕食、風呂、就寝などと細かく明確に時間通りに分けて
パターン化します。これを絵記号（文字、写真、実物品など）でならべて日
課表にします。これによって、活動の内容や次の活動が明確になり、なにが
起こるか予測可能になります。時間の経過を学び、意思表示でき、一日の終
わりも理解しやすく、安心感を得られます。

　日課表は常に同じ場所に掲示し、自ら日課表を見て確認できるようにしま
す。一人ひとりの発達レベルが違うので、その人に合わせた日課表が必要に
なります。文字の読める人には、文字だけの日課表も準備するとよいでしょ
う。

　絵記号での理解が難しい人は、下のイラストのように実物品を棚に日課表
に従って置きましょう。支援学校などでは時間割を絵記号で記すと効率的に
学習ができます。

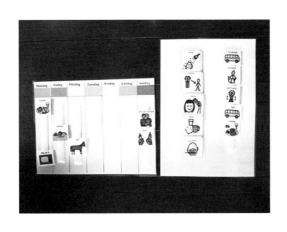

4

いろいろな日課表

← 個人の日課表。ピクトグラムを使用し、食事当番などが描かれています。

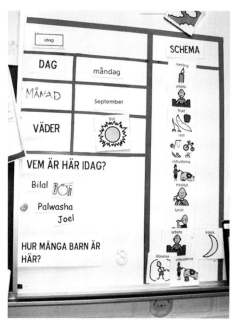

↑ 今日の日課表と天気。

↑ 支援学校での机の上に児童個人の時間割と課題が貼ってあります。一つの課題が終われば、右上に貼っていくか、箱の中へ入れるなどします。

スウェーデンの
1週間の日課
表。曜日によって
色を変え、絵記
号がスケジュー
ルにそって貼ら
れています。

→

日本の放課後デイの日課
表。来る子どもの写真と
担当者の写真が上段にと
もに貼ってあり、ひと目で
自分の担当がだれかわか
ります。下段は、日課表で
す。放課後デイに来た子ど
もたちは、この表をみて自
分が何の活動に参加する
のかわかるようになってい
ます。

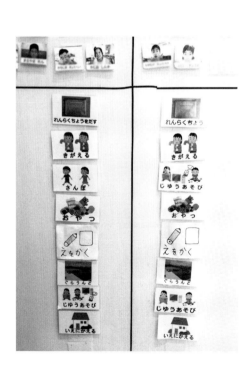

日本の入居施設での手洗い表。

教師や支援者が多くの言葉で説明すると、聴覚情報の量が多く迷いやすくなります。

説明するよりも、黙ったまま手をそっと添えたり、絵記号の順番を指し示すのも得策です。

成人の知的障害者が入居施設で手を洗うことを学び、週末に自宅へ帰ったときに、手の洗い方を教えてくれた、という話をその母親がしてくれました。知的レベルでは2〜3才の利用者さんですが、習慣になった手洗いを彼女は自宅でもしていたのです。風邪やインフルエンザの流行る日々、手洗いが大切なのは言うまでもありません。

トイレでの使用手順が描いてあります。

単に絵記号の順番を貼ったから、すぐにそれを見てできるかと言えば、できません。指示の順序を何度か保育士・教師・支援者と練習して初めてできるようになるのです。トイレットペーパーは、床までの長さでちぎって折って利用する、二度まででそれ以上は必要ないことなど手をとって教えます。　手間がかかる、めんどくさいと思う支援者は支援者の資格はなく、単なる世話人になります。　プロ意識をもって指導してください。どんなに重度知的障害であっても、学ぶチャンスを与えてあげると、必ず成長します。

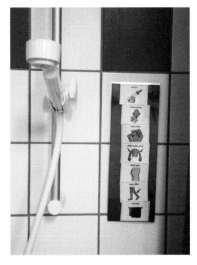

↑ １人でシャンプーできます。何回押せばよいのか指示しています。
また、シャワーの手順の指示表もシャワー室に貼ってあります。

お金の価値観を教える方法の一つとして、この１枚のお札で買えるものを具現化するのもよいでしょう。文字でわからなければ、もちろん、絵記号か、写真でみせましょう。　**→**

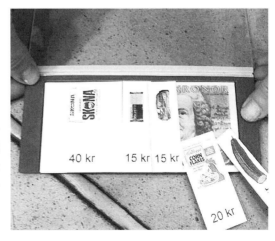

← 時刻もわかりやすくできます。

簡単な料理もレシピを図解で指示すれば、つくりやすいですし、タイマーも目でわかるものであれば、なお調理しやすくなります。また、レンジやコンロも、どのつまみがなにになるかマーキングしていれば、わかりやすいでしょう。

↑ 時間が少なくなると赤い範囲が少なくなるなど見てわかるタイマーとわかりやすいレシピ本。

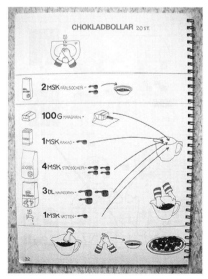

 洗濯もマーキングしてあり、手順が指示
表にあれば一人でできます。

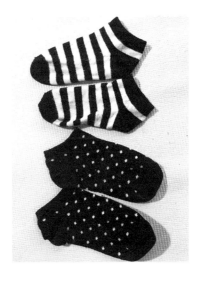

→

洗濯物をしまうときには、マッチング機能
があれば、簡単に自分の靴下もそろえて
タンスにしまうことができます。

構造化で重要なのは、その人の趣向などを踏まえて、その人をよく知り、その人に合った日課表・指示表を作成するということです。そして、長い目でみてゆっくり成長するのを待ちましょう。

　注意しなければならないのは、その人の発達レベルや嗜好などを無視して、職員のルーティンに合わせた身勝手な日課表・指示表を組むことです。このような安易な構造化は無意味です。

> 　スウェーデンでは、支援学校の日課表の色が共通です。月曜日＝緑、火曜日＝青、水曜日＝白、木曜日＝茶、金曜日＝黄、土曜日＝ピンク、日曜日＝赤、というふうに、全国どこの支援学校にいってもこの色分けはかわりません。

正常発達表でみる社会性を築く道

　支援学校やリハビリの現場では、主に個人指導を優先し自立をめざしていますが、一日中ひとりで過ごすばかりだと、順番を待ったり、列に加わったり、他人に配慮したりするなどの社会性は育まれていきません。

　幼児が学ぶ社会性の段階は、つぎのようになっています。

一人遊び　→他の子への関心・接近　→並行遊び　→一緒に遊ぶ　→順番に遊ぶ　→ルールや役割のある遊びをする

　つまり、支援するためには、彼らがこの段階のどのレベルにいるかを知り、その次へとステップアップする手立てを準備せねばなりません。一人遊びしかしないからと個人指導に徹していると、他の子どもへの関心を学ぶ機会を失います。たとえ、集団の中にいることが難しくても、地域の公園などで過ごし、他の子どもと交流する機会を増やしてあげましょう。どんな子どもも、小集団に参加する必要性があるのです。

　というのも、ティーチプログラムでは個人指導を大切にしますが、それをはき違えて集団教育を全くおこなわない日本の療育園が多くあるのです。そ

ういった施設では、物理構造化なのか、パーテーションで仕切ってプレイエリア、ワークスペースなどを細かく分け、そうでなくても狭い部屋がますます狭くなるほど、個人指導に徹しています。幼児は、壁で仕切られたところで他の子どもと顔を合わせないで作業をしています。教師も、背丈を超えるパーテーションで子どもたちの全体的な動向が把握できません。食事のときも、他のこどもたちと行動できない子どもは、廊下で一人食べていました。もちろん、個人指導も大切なのですが、そうして一日を過ごすことは、自宅で一人遊んでいるようなものです。社会性を学ぶ機会がないまま療育園を卒業してしまいます。

　ノースカロライナの実践見学をしてきたハビリテーリングの心理士などに話を聞くと、個人指導だけではなく、グループでゲームをしたり、リレーをしたり、ともに遊ぶことも訓練・練習していたそうです。ワークショップなどをやることの意味がここにあります。もし、個人指導に徹していれば、療育園から小学校へ上がったときに、クラスの友達との交流ができない、教師の指示に従えない、引きこもりになりやすいなどの二次障害がでてきます。たとえ発達障害があって他人に敏感であっても、グループで行動できるような適応性訓練のできる一斉保育も、何らかの形で必要だと思います。一人で食事ができるようになったら、他の子どものところへ移動する訓練や、食べなくても最初だけでも一緒に座って食事の用意をしたり、少し早めに食事をしながら、他の子どもが食事に参加するようにしたり、ともに食事がとれる環境に慣れる訓練をします。そのほかには、ともに、朝の会や帰りの会で点呼や歌のリズム遊びなどをしたり、2〜3人からできる簡単なボードゲームをして順番を待つことや、勝ち負けを知ることに徐々に慣れていく必要があります。

　保育園や支援学校では、朝の会や給食、帰りの会などでこそ、一緒にできないからと外さないで、ともにいられるように誘導する努力をしましょう。無理に座らせる必要はありません、が、個人の定位置を写真で知らせるなどし、楽しく好奇心を引きだす工夫をすれば、数回繰り返すうちに座れるようになります。また、じっとしていられない障害をもっている人でも、部屋の隅で動き回りながらも、みんながなにをしているかとてつもなく把握してい

発達障害者への具体的な支援

る場合が多いので、寛容に見守る態勢も必要です。いずれにしても、個人と集団を織り交ぜて一日の日課にメリハリをつけて指導するとよいでしょう。

ティーチプログラムの正しい利用方法

　支援者の中にはティーチプログラムをすることに意味がない、と批判する人もいます。多くの批判は、「構造化してしまうことによって、個人の自由が束縛されるのでは？」とか、「パターン化することが軍隊のようで、本人の自由意思を尊重していない」というものです。本人の自由をすべてなくし、パターン化を無理強いしているまちがったティーチプログラムのやり方をしている施設も多いので、そういった批判も然りです。確かに、その人が自由にできる環境が一生続けば、これにこしたことはありません。スウェーデンのような高福祉の国ならば、インクルーシブな生活もできるかもしれませんが、現在の日本の社会の中では、社会と切り離した場所にしか自由にできる場所がなく、結果、隔離生活になってその人の本当の意味での自由を奪いかねないと思います。自閉症者など「すべてが自由」という情報過多状態では情報の処理に困り混乱を起こしやすいので、発達障害では構造化することで安心し、逆に自由が生まれる、と考えています。実際、多くの施設でこの構造化が軽度の人から重度の人まで本当に役に立っているのをみてきました。

　ティーチプログラムを正しく理解するために、３つの基本要素を確認しましょう。

・協力と共同を重要視し、自閉症者とともに携わる
・自閉症者の特性を観察・学習し理解する
・個人への直接支援とともに、周囲・環境からの間接的支援をも同時におこなう

　つまりは、個人の成長に合わせて、環境だけでなく、人的支援が必要で、これを実用化するのが構造化なのです。
　自閉症の人の脳の機能は、定型者が考える機能とは別のレベルやルートで

働きます。それを理解したうえで、一日の生活を構造化し、視覚から学習し
やすくし、学習目標に到達するようにサポートします。

　しかし、その前に自閉症者の特性を知る必要があります。特性ゆえに不規
則行動が突出し、それが二次障害として表面化するのですが、その特性には
下記のような共通性があります。構造化によってそれぞれの特性に応じた対
応をすることができます。参考になる著書はたくさんあるので、もっと深く
詳しく知りたい方は、調べてみてください。

自閉症の特性（もちろん視覚・聴覚過敏など例外はあります）

・聴覚からの情報より、視覚機能に依存している　⇒　絵記号などで伝える
・抽象的な言葉をそのまま受け取る（お風呂のお湯を見て来て、と言われればじっと見て
　いる）　⇒　簡素化や具体化をして伝える
・全体像を把握するより、細部にこだわる　⇒　一つのことに焦点をあて、「こだわり」を
　得意分野に活用する
・学習したことを、他の場面で応用できない（お隣のポチは犬であるが、散歩で出会う犬は
　ポチではなく犬でもないと考えてしまいやすい）　⇒　説明と経験の積み重ねをさせる
・空間と時間の経過が組織化できない（適当に終われない等）　⇒　タイマーや砂時計
　を利用する
・感覚刺激の受容困難、予期しないことが起こるとパニックを起こす（いつもの道を歩か
　ないとパニックになるなど）　⇒　日課表を組み、安心できるものを見せる。興味をそそ
　ることへ移行し、収まるまで静かに待つ

　自閉症者でも、知的能力は一般の人に劣らない人もおり、それ以上の特質
を持っている人もいます。目の前の光景をみたら、それを写真のように描写
できる人、何年も前の日付の曜日を言える人、1つのことにこだわり研究者
になる人もいます。しかし、重度の人になると、常道行動、強度行動障害な
ど非社会的行動が顕著になります。それでも、上記のようにその人たちに適
した環境があれば、周囲の配慮でパニックや攻撃性は減少し、より人間的な
生活が営めるようになります。

構造化のまちがったやり方は、個人のことをよく知らないで、職員が自分たちの都合のよいように勝手に日課表を作ってしまうことです。これは、職員の少ない施設では特に多くおこなわれています。パターンを学んだ児童が習慣化されたルーティンをこなしているだけで、発達の手助けにはならず、ただ時間を過ごすための作業にしかなっていません。そういう日々も必要ですが、何らかの刺激のある日々も同様に必要になることを、忘れてはいけないと思います。

　私が受け持っていた11歳のアスペルガーの子どもは、市中にあるエレベーターの会社名と何階まであるかををすべて覚えていてました。また、別の人は8桁の足し算も暗算ですぐに答えられ、「合ってる?」と聞かれ、支援者が慌てて計算機で答えていました。人の名前を覚える記憶力もすばらしく、利用者さんの保護者の苗字と名前だけでなく、実習に来ていた人の名前も覚えていました。これだけの記憶力は、私も欲しいくらいです。

ティーチでの作業移動

課題作業は左から右へ、上から下へと進むように配慮するのが自然です。

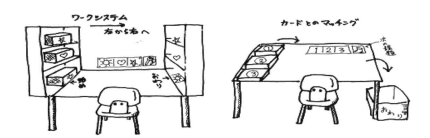

これも一日の日課表は上から下への順番ですし、課題を選ぶときには、左から右への順番です。

　　スウェーデンの支援学級は、勉強し作業活動をするときには、お互いの邪魔にならないようにパーテーションで仕切られていますが、みんなと一緒に座って活動できるテーブルもありますし、隅にはクッションやマットレスがあり、そこでリラックスできるようにもなっています。ある中学校では、部屋の真ん中に1つの椅子を囲って暗くしたスペースがありました。休憩になると、1人の男子生徒がその中に座ってじっとしていました。その中で彼は安堵し、気持ちを充電して、また勉強に励むことができるのです。

個人指導するにあたって、考えるべきこと

　さて、ティーチメソッドにとりくむ前提として、障害をもった人の発達レベルを知ることは必須だと述べてきました。正常発達を知り、次のステップの見通しをたてることが重要です。

　知能が何歳くらいにあてはまるかを知ることによって、次の成長に必要な学習課題がわかり、レベルに沿った課題を提供できます。そのためにも、乳幼児の正常発達過程を知っておくべきでしょう。

　それを踏まえて、指導で大切になることをまとめました。

・個人の長所や興味を把握する

・まずは一対一で新しいことを学習する機会を与える

・一回に一つのことだけを学習してもらう

・作業課題の変化や日課の変化の導入の際には、慎重に

　例えば、「トイレの横にある赤いゴミ箱に、このゴミを捨ててきて」と頼むと、その指示の中には「トイレ・横・赤い・ゴミ・箱・捨てる」など、色別、空間認知、方向認知、記憶などを求める要求がたくさんあり、これらの情報が一度に耳から入ってきます。

　これでは、情報処理の苦手な人は、行動に移せません。しかし、ゴミを手渡して、一緒にトイレの傍まで行き、「このゴミ箱に捨てて」と言えば、捨てられます。これを何度か繰り返すと、ゴミを捨ててきてください、とゴミを渡すだけで、そつなくゴミ捨てができるようになります。これも自立への一歩であり、ゴミとゴミ箱が認識できるマッチングの一つです。

　重度の知的障害者や、自閉症の人たちが通うデイサービスで、2ピースから次第に数が増えるジグソーパズルをランチ後の余暇の時間にしています。利用者さんに2つだけのジグソーパズルを見せると、すぐに合わせられる人、方向感覚、空間認知が弱く、少しでもパズルが反対方向を向いていたら合わせられない人、3ピースが合わせられ、4ピースも……とパズルピー

スの数が増えても合わせられる人など、いろいろな人がいます。そうするうちに、今までなにもしないで黙って座っていた人が、実はそれ相当の知能があるということを新しく発見することもありました。さらにそれぞれ、何ピースまで一人でできるかを記録してみました。できなかったパズルも、何度か挑戦して遊んでいるうちに、簡単に仕上げることができるようになりました。これが成長であり、自立への道なのです。もちろん、興味のない人はいくら手渡してもしませんし、強制するべきことではありません。しかし、自由時間に好きなことをしてもいいと言われても、重度自閉症者・重度知的障害者はなにをしてよいかわからないことが多いのです。だから、ジグソーパズルやブロックなどを手渡し、最初は誘導して遊び方を指導する必要があります。そのうち、テーブルの上にいくつか選べるように置いておけば、遊び始める人もでてきます。

　パズル遊びには、ジグソー（鍵ホックのような形の切り型）のピースが一番よいと思っています。ピースを合わせたときに外れないし、100ピース、500ピース、1500ピースなど種類も豊富にあるからです。パズルでは、集中力、忍耐力、空間認知力、方向認知力、絵の理解力などのほか、パズルを解くために支援者とコミュニケーションをとるなど、の経験につながります。余暇の遊びとして訓練を楽しむことができます。

　54ピースのジグソーパズルを全部裏返し、裏に書いてあった数字を合わせてパズルを完成させた人もいます。私たちの想像をはるかに超えたやり方です。

 — 発達障害者への具体的な支援

前述しましたが、個人指導も必要ですが、同時に集団指導も必要です。隣りに座って別々のパズルをしていてその場を共有するだけでも、何らかのコミュニケーションが互いに生まれます。相手のパズルが気になる、相手の手元を見る、視線が隣の人に行く、同じ言葉を発する……など、そこに新しいコミュニケーションが生まれ、社会性の芽生えとなります。

絵記号をつかった発語のない人の意思表示指導

　デイサービスの利用者に、ほとんど無表情で発語のない人がいます。その人の意思を知りたくて、○と×のカードと、飲み物とポテトチップスのカードを作りました。ポテトチップスが欲しいときには、ポテトチップスの絵記号を私に渡してもらい、ポテトチップスをあげます。そして、すぐに「○」と書いたカードを見せます。飲み物カードを渡してくれたら、お茶を少しコップに入れて渡します。そして、すぐに「○」カードを出します。カードを渡さないでポテトチップスを取ろうとすると、「×」カードを見せてポテトチップスをあげません。この訓練を一度しただけで、この利用者さんはやり方を覚えたようです。他にも果物、トイレなどの絵記号も加えて理解を進め、次に単語カードのように絵記号カードをリンクに通し、持ち歩くようにしました。トイレカードを出せばトイレに行きたいことがわかり、飲み物カードを出せば喉が渇いたことがわかります。支援者でなくても一般の人にもわかり、絵記号でのコミュニケーションが自立へとつながっていくのです。

　この意思表示の訓練は、コミュニケーションマット（次ページの写真）でもおこなわれます。このマットによって、好きなこと、嫌いなことなど、それぞれの考えが把握ができます。

　前もってこういう訓練をすることで、個人をよく知ることができ、日課表を組むヒントをえられます。

　食事の際に、お茶を飲みたいとかお肉を小さく切ってもらいたいと思えば、それを示すカードで伝えることができます。「お茶なら、コップを出すだけでいいじゃないか」と思われますが、お茶だけではなく、身近にない

物（トイレ、食事、休憩用のベッドなど）も絵記号で意思表示できるので、コップではなく絵記号のコップを出す場合のみ、「○」カードをだしています。このように、その人に必要な絵記号のカードを常に持っていることで、普段から、「トイレへいきたいです」「お茶をください」「半分にしてください」「いやです」「すきです」などの意志表示ができ、その人を知らない人も手助けしやすくし、パニックを減少させられます。ぜひ、こうしたコミュニケーションカードを増やしてあげてください。

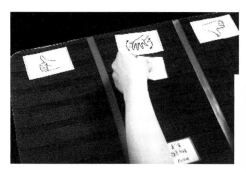

●	⊗	X
はい すき	わからない	いいえ きらい

意思の疎通に手話も利用

　スウェーデンでは、ダウン症の赤ちゃんが生まれると、ハビリテーリングセンターへ自動的に登録されます。そして、集まったダウン症の子どもたちで手遊びしたり、体操したり、親子同士でコーヒーを飲みながら話ができるような場所作りをしています。そのときの活動で大切なのは、コミュニケーションツールとして手話を学ぶことです。とかく、ダウン症の子どもは言葉が遅いのですが、言葉と手話で表現することを学ぶと互いに理解しやすくなります。手話を覚えると、ますます言葉が出なくなるのでは？と心配する親もいますが、その逆で、語彙の量を増やし、発語にとても役立ちます。ダウン症の児童を預かる保育園や幼稚園では、職員に出張で手話を教えにいく言語療法士もいますし、講習会を開いていることもあります。

ワークショップのときも、私はコミュニケーションツールとして簡単な手話を利用しています。

　「ようこそ」「こんにちは」「座ります」「待ってください」「よく聞いてください」「よく見てください」「おもしろいよ」「わかりましたか」「これでおしまい」「また今度会いましょう」「ありがとう」「ばいばい」など、その他にもありますが、ほとんどこれくらいは、毎回ワークショップのときにしてみせます。すると、子どもたちも同じように簡単な手話を使うようになります。

　言葉で表現できずストレスが溜まると、それは暴力や自傷行為へと発展することもあります。髪の毛を引き抜く行為などは、本人がつらいのを知ってもらおうと出すSOSかもしれません。

　意思表示は「〜したい」だけではありません。自分の今の気持ちを伝えることも相互理解のために大切です。そのため、感情のマッチングを訓練する必要があります。笑顔の絵記号をみせうれしそうな顔をする、怒った顔の絵記号のときには怒る、泣き顔の絵記号のときには泣く真似をする……など繰り返すことで、そのときの感情が絵記号とマッチングしてきます。こうすることで、意思表示はもちろん、相手の感情表現も読み取る力がつきます。

5

発達段階にあわせた自立活動

マッチングの意義

　成長レベルに合わせたマッチングは、支援しやすく、個人指導はもちろん集団支援にも役立ちます。マッチングは自立への早道です

　日常生活はすべてがマッチングからなっているといっても過言ではありません。テレビをつけるときも、チャンネルを合わせます。靴がバラバラになっているときも、靴同士を合わせなければなりません。マッチングができるようになれば、例えば、洗濯物を片付けるときには靴下どうしを合わせ、タンスに靴下のマーキングをしていれば整理整頓もできます。お箸とお箸を合わせてお膳だてができ、食材の写真をお店にもっていけば買い物もできます。乗るバスの色と番号など分かればバスにも乗ることができます。「コンビニを通ってコインランドリーを通過し、交番を曲がって……」などと順番を記したメモがあれば、自宅まで帰ることもできます。そのためにも、日ごろのマッチング訓練が必要なのです。脳が自動的に視覚刺激の情報を処理してマッチングすると、素早く見つけることができます。マッチングは自立への訓練なのです。

　だからといって、無意味なマッチング訓練では役にたちません。よく作業所で、自立活動と称して同じことを数年繰り返しているのを見かけます。これでは成長は見られず、悲しい光景にしか見えません。

　では、有効なマッチング訓練とはどういったものでしょう。マッチングは、自然な正常発達に沿って課題を提供することに意義があります。3〜6歳児は特に感覚器官から運動器官へ成長が移行する時期でもあります。その中で、

見つける（視覚）⇒分ける（分析）⇒集める（集合）⇒比べる（比較）⇒合わせる（対応）

という一連の作業ができるようになります。

　幼児が道路わきから石ころを見分けて集める様子は誰しもみたことがあるでしょう。子どもの洋服のポケットには、どんぐりや松ぼっくりなどが入っていることも珍しくありません。マッチングも、こういう遊びの延長で提供

していけば、難しくありません。つまり、作業をするためには、作業自体が興味をそそる楽しいものでなければ、モチベーションは上がらず、作業自体が無意味になってしまいます。さらに、個人に合うレベルの作業を与えて、それを簡単にクリアするのであれば、その次のステップアップのために少し難度の高い作業課題を与えて学習につなげます。指導者は常に一歩先を考えて、ゲームをクリアして、次のゲームにすすめるように訓練をします。

　2歳児に6歳児の課題を与えることはありえません。それと同じく、身体はおとなですが2歳児の能力を持っている人には、やはり知的年齢相応の課題を与えてください。

　視覚で得た情報を処理しながら、楽しい作業をする喜びを得ることによって、脳回路の活性化がはかれます。また作業をすることによって集中力、理解力、手先の巧緻化・運動能力などがアップされます。

　就労B型などマッチングと労働が一緒であれば、労働することによって得られる賃金が視覚的にわかるようにすれば、作業への意欲が湧きやすいと思います。仕事はするが、なぜ仕事をしなければならないのか理解できていない施設が多いです。例えば、仕事をした分だけ透明な貯金箱におもちゃのお金が増えていく様子が見えるようにするなどしてもいいでしょう。賃金だけでなく、公園に行くのを目的にして、公園の写真とその上に10回分のシールを貼るスペースをつくり、終わった仕事の分だけシールを貼れるようにするとよいでしょう。さらに、溜まった賃金でジュース、ミニカー、靴下など個人の買いたいもの、必要なものを目標にするのもよいかと思います。それから、作業をする時間も終わりがわかるように配慮するべきでしょう。時計の長い針が前もってマーキングされているところまでくれば終わり、など、終了時間が視覚的にわかるとよいでしょう。タイマーを利用するのも手です。与えられた課題を早く終わったからといって、別の課題を与えたりせず、時間がくれば作業が終わっていなくても休憩時間に入るなど、前もって約束されたことは守りましょう。

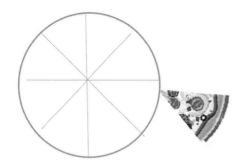

　上図のような絵を作業台の前に貼っておいて、仕事が済んだら一切れ分の
ピザの絵を貼っていきます。

　全部貼れたら食べに行く、というちゃんとした目標を実践できるようにす
ると、仕事のモチベーションもあがります。

　幼児の場合は、課題が終わると、おやつ、ゲーム、好きな音楽や絵本な
ど、やりたいことをさせてあげるのもよいでしょう。

いろいろなマッチングと、ステップアップの方法

　さて、いよいよマッチングの適用段階の例を紹介します。

　マッチングに関する書籍はたくさん出版されていますが、ここではマッチ
ングを発達レベルに応じてレベルアップさせる方法について、ご紹介しま
す。最初は簡単なマッチングからはじめ、少しずつ難しくし、1〜5段階程
度の移行順序（段階分け）を考えておきましょう。発達を急ぐあまり、いき
なり五段階目を与えるなどすると、難しすぎて遊びが嫌いになり、学びを損
なうことになります。

　一つの課題が自動的にクリアできるようになれば、次のレベルへと進んで
いきます。あるいは、提供した課題が個人に合わなければ、別の課題を提供
してみるなど、同じ作業課題をずっと与え続けず個人の成長度や嗜好に合わ
せ、臨機応援に提供しましょう。

絵合わせカード

準備するもの：クマの絵のセット（なければ、2セットずつのちがう絵柄のカード）

フレームにはそれぞれ2枚の同じクマの絵をはめることができます。クマは洋服や表情が違うものが2セットずつあります。

●レベル1

表向きにならべたさまざまなクマのなかから、順番に同じクマのペアを探してフレームにはめていきます。クマの服の識別、短期記憶の訓練、順番待ち、裏返した熊をみんなに見せる配慮、ゲームのルールの学びなどができます。

●レベル2

フレームを使わずに同じクマの組み合わせを作ります。つまりマッチングをしていきます。

●レベル3

少ない枚数で、神経衰弱ゲームをします。まずは1人でおこないましょう。カードを裏返して、2枚を選んで同じカードがでたらカードをもらいます。なかったら裏返しにして同じ位置に置きます。簡単な遊びのルールを学びます。

●レベル4

　レベル3からカードの枚数を増やし、難しくします。ルールが正しく伝わったかの確認をします。

●レベル5

　1人だけではなく、2人でゲームをおこないます。できるようになれば数人でも同時に楽しめるようになり、社会性が身につきます。

同じクルマはどれ?

準備するもの：車のカード（またはおもちゃのミニカー）複数、交通に関するカード、動物や野菜など種類別のカード（またはそのおもちゃ）

●レベル1

　色や言葉の概念を学ぶマッチングのゲームです。赤い車の絵カードともう1枚の赤い車の絵カードを合わせます。もしくは、さまざまなおもちゃを2組1セット準備し、同じものを選び出します。

●レベル2

　3色以上の色の車を合わせます。赤と赤の車、黄色と黄色の車など、合わせていきます。

●レベル3

　色ではなく、車の種類をあわせます。トラックとトラック、バスとバス、消防車と消防車などです。

●レベル4

　車と車に必要なものはなんでしょう？　車の部品と共に遊具用品、学習品、など混ぜて、そこから選んでもらいます。ハンドル、タイヤ、交通標

5

識、ガソリンスタンド、というふうに自動車に関する部品や用途を選ぶよう
に広げていきましょう。

●レベル5

　さまざまな自動車と動物の絵をまぜ、同じ種類の絵をあわせます。自動車
や動物の概念を育てます。

ボールあわせ

準備するもの:さまざまな色や大きさのボール、色カード、色のついた箱(ボールの入れ口の大きさは大小さまざまにしておく)

●レベル1

　ボールを床にばらまいておいて、色分けカードを見せて、カードと同じ色のボールを箱に入れていきます。（箱にも色で印をつけておく。）

●レベル2

　ボールの大小を見分けます。入り口の大きさを変えた箱や器にボールを入れていきます。

●レベル３

　ボールの数と量を合わせる。箱に１、
２、３、あるいは、丸い点を１つ、２つ、
３つと書いておく。それに合わせた数だ
け入れていきます。

●レベル４

　ボールの色と数と量を合わせる。箱に赤い数字、黄色い数字、青い数字な
ど、あるいは赤い点が1つ、黄色い点が２つ、青い点が３つなど書き、それ
と同じ色のボールを指示された数入れていきます。

応用編

　ボールの代わりに、色のついた積み木、ブロック、つまようじ、ペットボ
トルの蓋なども利用できます。

　色分けが2個しかできないけれど、手伝ってもらうと５個できる場合は、
その作業を一緒に繰り返し練習します。そのうちに、１人でできるようにな
ります。それから、6個、7個と増やしていくとよいでしょう。何事も本人
が学ぶまでは、保育士や支援者、教師の手助けが必要です。しかし、一度学
ぶと手助けしなくても自立してその活動はできるようになります。

輪ゴムいれ

準備するもの：カラー輪ゴム、皿立て

　輪ゴムを皿立てにはめていきます。両手の指先を利用する指先の力、均等に引っ張る平行感覚、図地判別能力（たくさん線のある背景の中から物を判別する能力）、空間認識の訓練にもなります。輪ゴムは、さまざまな色を利用して見やすくするとよいでしょう。

　輪ゴムをランダムにはめるだけなのですが、徐々に難しくしていきます。

レベル1

　まず同じ色の棒に輪ゴムをはめていきましょう。

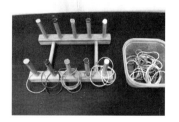

レベル2

　輪ゴムを色に関係なく、ランダムに2本の棒にひっかけます。輪ゴムを均等に引っ張る力、左右の指先の力加減が意外と難しいものです。

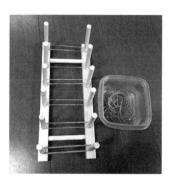

レベル3

　カラーの輪ゴムを、同じ色をつけた棒にはめていきます。

レベル4

　棒に番号を振り、その数と同じ数の輪ゴムを入れていきます。または、サイコロの目の模様をそれぞれの棒にふり、同じ数の輪ゴムをはめます。

　数が数えられない場合、画用紙に数字と丸を書き、そのうえに輪ゴムを乗せてから皿立てにはめるのもよいでしょう。

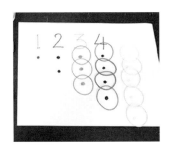

そのほかの簡単なマッチング

　前もってキッチンペーパーの芯に、カラーマジックかカラーテープでいろいろな色を帯状に塗ります。太めのヘアゴムを準備し、同じ色のところに順番にヘアゴムで色が隠れるようにはめていきます。

　どの作業課題にも芽生え反応（一人ではできないが、ある程度はできる事をいう）があります。その時は学習目標を定めて、少しずつ根気よく見守るとよいでしょう。

　例えば、色分けが2個しかできないけれど手伝ってもらうと3個でき、3個を繰り返し練習するうちに、1人でできるようになります。

　何事も本人が学ぶまでは、保育士や支援者、教師の手助けが必要です。しかし、一度学ぶと手助けしなくても自立してその活動をできるようになります。

クリップを利用して5段階

レベル1

5枚程度の紙の上にクリップの形を書いて大きなクリップをランダムにはめていく。図地判別能力や指先の巧緻化など器用さを要求するので、難しいのですが、その分上手になれます。

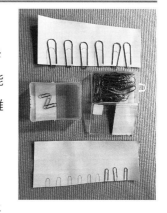

レベル2

大きなクリップで上手にはめれるようになると少し小さめのクリップをはめてもらいます。

レベル3

色分けでは、紙に色付きのクリップの形を数個書いてそれに合う色のクリップをはめてもらいます。

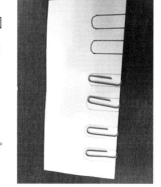

レベル4

少し数を増やし紙5枚程度に色の合うクリップをはめてもらいます。

レベル5

クリップを色分けしてつなぎ合わせるのも楽しいです。これには、図地判別能力、空間認識、指先の力加減、など器用さを要求します。

大きなクリップから小さなクリップで、長くつないで暖簾など作ってみるのもよいでしょう。クリップの大小、色分け、組み合わせなどが楽しめます。

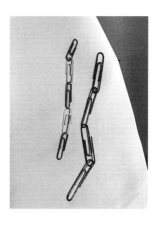

5

数字と数を覚える

レベル 1

　数字と種類が違っても同じ数だということを確認します。最初は、数字1、2、3の違いと量を覚えることから始めます。

レベル 2

数字と数をあわせます。

レベル 3

数字と蝶々の数を合わせます。

レベル 4

数枚の絵カードを前において数字の表す絵カードを見つけていきます。

レベル 5

ホワイトボードに磁石を置くことでも学ぶ練習になります。

卓球

　スポーツなどもレベル段階を分割して指導しましょう。手と目の協調運動、リズム、タイミング、空間認知、予測能力、体幹移動などたくさんの運動要素が含まれているので楽しい球技です。かなり高難度ですが、ラケットを持たずにボールを手のひらで打つだけの練習は、たくさんの人に受け入れられます。大小のボールを用意してネットをつかわず、打つタイミングを手の平でまず覚えましょう。

レベル1
真ん中のネットをつけないで、大きめのボールを転がして打ち方を手のひらだけで練習。

レベル2
少し小さめのボールを手のひらで打ちます。

レベル3
ラケットを持って大き目のボールを転がし、打つ練習。

レベル4
ピンポンボールを転がし、打つ練習。

レベル5
ネットをつけて練習します。
手のひらでボールを打つ大会があっても楽しいでしょう。

物を器に入れる作業 ― 微細運動

　指先の巧緻化と力加減、手と目の協調・協応作業になる活動です。大きな物から細かいものへとレベルアップしていきましょう。

レベル1
アイスキューブをいれます。

レベル2
ストローを穴に差します。

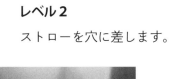

レベル3
おはじきをいれます。

レベル4
つまようじを胡椒いれにいれます。

洗濯バサミの活用方法

　100円ショップの洗濯バサミには大小、カラフルなものがたくさんあります。5本の指全部でつかむものから指先だけでつまむものまであり、手先の巧緻化を学べる最高の商品です。

レベル1

　なんでもよいので、はさんでみましょう。太い洗濯バサミから小さな洗濯バサミへとレベルアップするとよいでしょう。

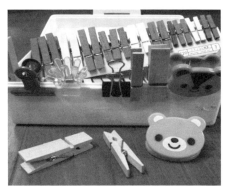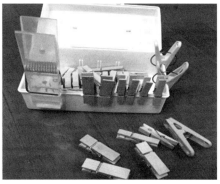

レベル2

　色分けをします。箱にカラーシールを貼り、そのうえに洗濯バサミをはさんでいきます。

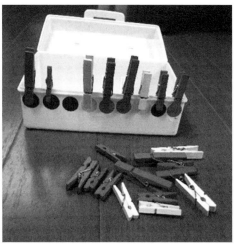

レベル3

かわいいキャラクターのシールを貼り、マッチングします。

　認知症になった母に洗濯バサミを渡すと、目の前の箱には着けず、頭の髪につけて笑っていました。自分の服にもいろいろ洗濯バサミをつけたり外したりしていました。頭にいっぱいカラフルな洗濯バサミをつけている母はとても可愛くて、おかしくて二人で笑い転げていました。指先の巧緻力を低下させないためのつまむ訓練・練習だったので、はさむものは箱でなくてもよかったのです。本当に楽しく遊べました。

ボルトとナット

　ボルトとナットの訓練は作業所でよくみられます。三本指をつかい、左右どちらに回転するか考えます。できるようになれば、何も考えずに自動的にやってしまいます。難易度をかえ、作業にメリハリをつけましょう。

レベル1

　同じ大きめのボルトとナットのみを提供して合わせていきます。できるようになれば、小さめのボルトとナットに移行します。

レベル2

　「大小大きさの違うボルトとナットをまぜます」と利用者さんに見せて、同じ箱に入れて、組み合わせの練習・訓練をします。合うか合わないかを考えながらする作業は、脳を活用しますよ。作業課題はいくつで終わるかを数字で示すか、箱には作業できる数だけを入れておきましょう。

　左右非対称に手を使う作業には、このボルトとナットの連結作業や、片手で紙を持ちもう一方の手でハサミをもって切るなどがあります。ほかにも、ペットボトルの蓋をあけるのも非対称性の巧緻化が必要になります。身体の中心線から左右異なる動きを練習していくと、歯磨きのチューブが自分で開けられたり、三輪車、水泳、自転車、ダンスなどもできるようになります。

ビーズ通し

準備するもの：カラービーズ、紐やモール

多くの作業所でおこなわれているビーズ通しですが、少し工夫するだけで新たなマッチングの訓練になります。

レベル1

紐にビーズを好きなように通し、手指の微細運動になれます。

レベル2

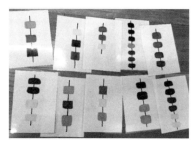

ビーズの色を指定して紐に通します。紙に色分けしたビーズを書き、その順番どおりにビーズを通していきます。

色分けのカードなさまざまな難易度のものを準備します。

紐に通すことが難しい人は、色の上にビーズを置くことからはじめましょう。

かなり重度の知的障害があり、片側麻痺も少しある男性が、非常に器用にビーズを通しているのをみて、感心してしまいました。ビーズをみなくてもヒモに通せるのです。それが彼の毎日の作業でした。それで、ビーズの色分けをするように仕向けると、これが全然できないのです。それから色分けの訓練をし、今ではやっと3色は見分け、ビーズ通しができるようになりました。

色分けの応用を、日常生活へ

　色分けのマッチングが理解できて、色の認識ができるようになると、今度はそれを日常生活に応用していきます。「赤いコップを取ってきてください」、「黄色い鉛筆はどれですか？」などの日常活動につなげられます。また、「赤信号では止まる」「緑では歩く」という交通ルールの認識にもつなげられます。うちわの表に赤い丸を貼り、裏には緑色の丸を貼って、支援者が出すうちわをみながら歩く練習をしてみても面白いと思います。

　何度もいいますが、すべてのマッチングはレベルが違うので、個人の能力に合わせて１〜５くらいまでの段階を見極めて課題を提供します。一つの課題が自動的にクリアできるようになれば、次のレベルにあげていきます。あるいは、提供した課題が個人に合わなければ、別の課題を提供してみるなど、同じ作業課題をずっと与え続けないで、個人の成長度や嗜好に合わせて臨機応変に提供しましょう。

　ところで、最近とても役にたっているのがiPadなどのタブレット端末です。スウェーデンでは、特別支援教育にも取り入れられています。無料の学習アプリがあるので、利用する価値大です。発達障害者は視野に制限がある場合が多いので、タブレットだと集中しやすく、学びやすいのです。

　タブレットやテレビゲームなどは、自由遊びや余暇の時間などに時間を決めて提供するのもよいでしょう。その場合、タイマーなどを利用して時間の観念を学ぶこともできます。また、やめたくないという葛藤があるので、我慢を覚える練習にもなるでしょう。

たのしい！ うれしい！
ワークショップ

ワークショップの意義

　1〜5章の内容を踏まえ、この章では私がおこなっているワークショップについて、ご紹介します。発達に応じたマッチングをグループをつくって他の人と一緒におこなうことで、個別の能力を育てるだけでなく社会性も育むことができるのが、このワークショップです。

　私はワークショップが大好きです。ワークショップという形をとったグループセッションは、たくさんの活動を組み入れてメリハリをつけ、楽しく学べる時間になるからです。発達障害の子どもたちが活動をともにすることで、社会ルールを学び、集中力を養い、意思表示を促され、発言する場を持ち、五感はもとより固有受容感覚や前庭感覚なども活動にとりいれる訓練になり、それなのに、子ども達にとっては単に楽しい遊びの時間になっているからです。活動には、数の概念、語彙の向上、概念の習得、身体模倣、色の分類などのマッチング、運動やダンスといった学べる要素をふんだんに含まれ、メンバーのレベルに応じて内容を選び、ゲーム感覚で取り組みます。なによりも、子どもたちの笑い声が絶えません。

　ワークショップは、支援者にとっては、子どもたちの発達状態が観察できる最も重要な機会です。正常発達の順序を知っていれば、次回のワークショップのプランニングができます。支援学校の授業などにも取り入れれば、子どもたちも学ぶことの楽しさがわかるでしょう。

　最初は慣れていないために、はちゃめちゃになることがあります。特に、多動の子どもたちのグループでは、座らずに走り回っている子や座っていても別の方向を向いている子など、さまざまです。そういう場合、何度か声かけをするだけで、座ることを無理強いはしません。「失敗かな…」と思わないで、その騒ぎを素通りしながらワークショップを続けてみてください。もしも、グループには適さない難しすぎる活動を提案してしまい、子ども達に混乱が生じたならば、すぐに止めて別の活動に進めばいいのです。また、あまりにもレベルの違いすぎる子ども達でグループを作ってしまった場合は、成長を促すことができません。新たなグループを編成し、常に子どもたちの

様子をみながら、臨機応変に対処しましょう。

　静かにさせようと叱ったり、強制的に座らせたりすると、楽しいワークショップのイメージが台無しになってしまいます。活動が始まれば、走り回っていた子も自然と彼らなりに活動に参加をしてくれるようになります。ずっとではなくても、たまに座って活動に参加し、自分の順番を待ってくれたりします。何度も繰り返しワークショップをしていると、やがては慣れてきて、みんなが座るときに一緒に座ってくれるようになります。そういうときこそ、子ども達が成長した瞬間で、このワークショップの醍醐味なのです。忍耐と寛容が大切ですね。

ワークショップをはじめる前の準備

場所

　ワークショップをおこなうには、広いスペースが必要です。保育園ならば遊戯室、学校ならば空き教室などで、何も置いていない部屋が理想です。特に発達障害の子どもたちは、部屋に他の物があると気になります。気になるものがあれば、カーテンかパーテーションで隠すようにしてください。

準備するもの
●ホワイトボードなど

　ワークショップでおこなう活動の順番がわかるよう、絵記号を貼ることができるホワイトボードや黒板を準備します。私は、絵記号カードがはいるファイルをボード代わりに使っています。中にマジックテープを貼って、カードを貼り付け、開いて見られるようにしています。活動が終わると一枚ずつはずせるようにしています。はずした絵記号は右下のカード入れ（箱）にしまえるようにしています。

6

●活動の内容がわかる絵記号

　インターネット上の無料サイトで活動に合うイラストをコピーして利用しています。それをラミネートします。絵記号は参加者になにをするか予期させ、心の準備を促し安心感を与えます。

ダンス活動の絵記号

マット活動の絵記号

リラックスの絵記号

集合の絵記号

●人数分の座布団とメンバーの写真

　子どもたちが座る座布団を用意します。椅子でもいいのですが、座布団なら立ち上がるのに時間が必要なので、多動性の子どもにも声かけをする時間ができます。また、立ち上がる運動にもなります。座布団ではなく、マットでも

いいです。子どもたちが座る場所には「ラミネートされた参加者の写真」を置きます。椅子の場合も同様です。これによって、自分の居場所をすぐにみつけ、自然に座ってくれるようになります。子どもたちに安心感を与えられます。

●各活動に必要な道具

活動に必要な用具を準備します。詳しくは、後述します。

グループの構成

グループは、年齢差はあっても同じ知的レベルであれば、活動がスムーズにできます。私がワークショップをおこなう放課後デイでは、小学校、中学校、高校生が利用していますが、身体の大きさに関係なく楽しく遊んでいます。日によって参加する子どもたちも違います。重度知的障害の人たちにはいきなり50分は持たないときもあるので、20分、30分から徐々に時間を延ばしていきます。グループの最適人数はとくに決まっていません。人数が多い場合は、全員がいっせいにできる活動を多く盛り込み、おおむね1時間ほどでワークショップが終わるように工夫しましょう。

ワークショップに組み入れる活動の内容

ワークショップによって、子どもたちのどんな力を引き出したいですか？
現在、対象児の発達レベルはどれくらいですか？　感覚、身体認知、視覚刺激(色、形）について鍛えたい、聴覚（言葉・音）、数と量、記憶力について鍛えたい、固有受容感覚の促進・重さ・身体認知について鍛えたい、前庭感覚への刺激・バランス・スピードについて鍛えたい、身体的筋力・体幹・口唇・手と足の協応性・抑制力について鍛えたい――それらを鑑み、ワークショップに組み入れる活動の内容を考えます。

ワークショップをして一番難しかったのは、グレーゾーンの発達障害児たちです。彼らは、ADHD(注意散漫多動性）、アスペルガー症候群、自閉症スペクトラム、挑発性反抗症などで感情の抑制が効かない場合が多く、ま

とめるのが非常に困難でした。このグループを引き受けたときは、一度に9人を相手にしました。いつものように活動を説明するやいなや「やだ！　やりたくない！」と拒否する子があらわれ、すると、他の子どももそれに便乗して「やりたくない」といいます。このワークショップは、義務でもなければ強制でもありません。あくまでも自分の意志で選択して参加してもらいます。ですので、「やりたくない人は出ていってもいいですよ！」と部屋から2人を出しました。その後は、いつも通り残った子どもたちと楽しくワークショップができました。残った子どもたちは、重度の子どもたちとは違って説明もすぐにわかり、楽しむ時間が増え、スムーズにおこなわれました。後で出ていった子どもの様子を聞くと、2人とも泣いていたそうです。別の日に、「やりたくないと言われると、他の人がやりたいと思っていても邪魔することになるし、あなたたちがやらないことを選んだので、出ていってもらいました」と説明すると、次には参加したいと言ってきました。おそらく、他の子どもたちから、楽しかった様子を聞いたのでしょう。別の機会にワークショップをすると、反抗することもなく、おもしろいと喜んでくれました。このように、厳しいかもしれませんが、明確に参加するルールを教える必要もあります。

ワークショップをやってみよう

　初歩的なワークショップの手順をここでは紹介します。今回は50分程度の内容で、いつも私がしているワークショップです。まず、活動の内容を絵記号で並べて示します。

　座布団を車座におき、そこにそれぞれの子ども達の写真を置いて、自分の場所に座ってもらいます。まず、手話で「こんにちは、ようこそ！」と挨拶します。手話は、コミュニケーションの補助ツールとして簡単なものを利用しています。ひとさし指を向かい合わせてお辞儀をさせるのが、「こんにちは」の手話です。子どもたちも真似します。それから、それぞれに自分の名前や学校の名前を言ってもらうこともあります。というのも、もし迷子になっても、住所全部をいうのは難しくても、学校名が言えればそこから自宅がわかるからです。

　初めてのときは、発言している人に注目してもらうために、100円ショップで買った小さなライトを自分の名前を言うあいだだけ、手のひらで光らせてもらいます。こうすることで、子どもたちの注意と好奇心がライトを持っている子どもに向けられます。ライトがないときは、鳥の羽根、玩具のマイクなどを手渡してもらいます。1人で言ってもらうのは、人前でも声を出す練習のためです。言語のない人も声だけはだしています。最初の集合の際は、挨拶をおえると学校名、学年、今日食べた給食、遊んだ人の名前、担任の先生の名前などを言ってもらいます。記憶力、回想力、発語、言語理解力が必要です。

　活動の合間の集合では、気持ちの切り替えのために子どもたちにいろいろ質問をしてみます。一言で答えてもらえるよう、好きな食べ物、嫌いな食べ物、好きな授業、苦手な授業、好きなアイドル、好きな動物、怖い動物、歯医者に行ったことのある人、泳げる人、好きな楽器、などを思いつくままにたずねています。

たのしい！うれしい！ワークショップ

2 座布団を頭に乗せて

　まずはじめの絵記号の活動です。小豆、お米、大豆、ビーズなどいろいろな種類の細かい物を入れて縫った袋を頭にのせて、落とさないように部屋の端から端まで歩いてもらいます。集中力、体幹訓練にとてもよいのです。最初は、落としてばかりいた子どもも徐々に袋を乗せたまま手を放して歩けるようになります。

　一通り歩き終えたら、今度は壁側に立ち、袋を反対の壁に向かって思いっきり投げます。袋を放すタイミング、筋肉のコントロール、方向認知などが投げるタイミングに合わなければ、前方に飛びません。手を放すのが遅れると、目の前の足元に落ちることもあります。あるいは、あらぬ方向へと飛んでしまうことがあります。固有受容感覚を鍛える、とてもよい訓練です。

作り方

袋は100円ショップで買ったタオル地です。色はばらばらにしておきます。袋を縫うのがめんどうであれば、タオルだけを数回折っただけで利用してもいいでしょう。縫った袋は、中のものによって感触も重さも違います。

【レベルアップ】

　投げることが上手になると、別の日のワークショップではフラフープを床に置いて、その中へ入れるように投げます。あるいは、おもちゃのボーリングのピンを並べて、それに当てます。投げることの感触、方向、距離、タイミングなどを身体で覚える訓練です。

❸ 集合

活動の合間の集合では、気持ちの切り替えのために子どもたちにいろいろ質問をしてみます。

　前の活動が終わったら、すぐに座布団に座り、集合です。豆袋の片付けも訓練にします。袋の色を指定して、その色の袋を持っている人からカゴのなかにもどしてもらいます。これも、指示を待つ訓練や、色の判別、順番待ちの練習になります。

　片付けが終わったら、ファイルから終わった活動の絵記号をひとつずつ順番にはずしてもらい、しまいます。

❹ マット運動

次の活動の説明と、ヨガマットを出す手伝いをお願いします。

　ヨガマットなどを３つほど縦に長く並べます。

　マット運動は、身体認知、身体模倣力、リズム感、筋力、方向空間認知などを養います。グループのレベルに合わせて、次のようなメニューを組み合わせておこないます。

・思いっきりマットの上を走る（子どもたちはこれが大好きです）
・普通の歩き（息を整える）
・つま先歩き―2歳児
・かかと歩き―2歳児
・後ろ歩き（後ろを見ないで歩く、バランス）
・横歩き（カニの要領）

・両足をそろえて前へ飛ぶ（グー飛び）

・グー飛びと両足を広げたパー飛びを交互におこなう（リズム感、身体のコントロール）

・左右の足を前後に広げながら飛ぶ（ケン飛び）

・スキップ

・芋虫歩き（全員が前の人の肩に手を置いて歩く。スキンシップ）

・ハイハイで進む

・ほふく前進

・横へ寝て、ころころ回る

・巻きずし（子どもをマットでくるくる巻きにする）。感覚統合の一環で、巻くことによって身体の限界、身体認知の促進する。

・ベンチをマットの真ん中において、あがって飛びおりてもらう。（子どもの利き足がわかります）

　上記の中から、5〜10分くらいになるように選び、組み合わせます。

　マット運動は、子どもたちの身体がどのレベルまで発達しているのか知るよい機会になるので、活動を通してなにを引き出したいか、工夫のしがいがあります。観察と評価のできる活動です。ワークショップ後、活動の振り返りをしながら、なにができなかったか、難易度はどうだったか、上手にできた部分はどこだったかなどを簡単に記録しておきます。また難しい活動を何度も試してみる勇気も必要ですので、あきらめないで誘導してあげてください。

　子ども達の様子を見ながら、マット運動のやり方を工夫します。芋虫は子どもたちが大好きな運動で、前の人の肩に手をおき、歩きます。手を置くだけでなく、後ろから抱きつく場合もあります。スキンシップの苦手な子どもも、人に触れることができるようになります。できない子、参加しない子、人の邪魔をする子、これまでいろいろいましたが、いずれも徐々にできるようになり、絵記号のマットを指すと、マットを出して並べることもできるようになりました。

5 集合・簡単な遊び

ファイルの集合の絵記号とヨガマットの絵記号を順番にとってもらい、絵記号をします。

　ここで、活動にメリハリをもたせるため、集合して簡単な遊びをします。

●リズム遊び

　いろいろなリズム遊びがありますが、私がしている簡単なものの一つをご紹介します。拍手を2回したあとに身体の部位を言い、そこを触ってもらうリズム遊びです。ポンポン（拍手）「ひざ」、ポンポン「あたま」、ポンポン「かた」、という具合に、身体のいろいろな部分を呼びます。言葉と身体の部位が理解できているかどうかの身体認知を育む遊びです。みんながリズムにのれるようになってきたら、「あたま」といいながらお腹を叩いて見せます。すると、私を真似して正解していた子が、同じようにお腹を触ります。引っ掛け問題だとわかると、すぐに笑って頭を触ります。「さあ、私のいう言葉をよく聞いてね」と言葉がけします。このように、遊びをワンランク難しくもできます。

●色さがし

　「今日、ピンク色のものを身に着けている人はいますか」と指示をだし、自分の服や靴や他の人の服からピンク色をさがします。このようにして、黄色、緑色、赤色なども探してもらい、色の把握の練習をします。

6 コインあそび

　玩具のコインを床中にばらまいておいて、それぞれにトランプのカードを引いてもらいます（サイコロでも数の書いてある積み木でもよい）。引いた数だけコインを拾いに行くのですが、短期記憶の弱い子どもは、何度も数の描いてあるカードを確認しにもどってきます。中には1を引いているのにたくさんのコインを集めてくる子どもいますが、一つだけを入

れてもらいます。貯金箱にコインを入れると音がするので、みんな喜んで拾ってきます。数の苦手な子どもには、あらかじめ3くらいまでの数の認識ができるように訓練します。

　この遊びによって、数と量の認知、記憶力、指先の微細運動などが身につきます。

7 集合

活動の合間の集合では、気持ちの切り替えのために子どもたちにいろいろ質問をしてみます。

好きな食べ物や嫌いな食べ物、みんなの名前をたずねるなど質問します。

8　触覚ゲーム

　このゲームでは、袋に手を入れて、その感触だけで中身を当ててもらいます。袋のなかには、

・ペットボトルのキャップ
・ミニカー
・ピンポンボール
・ブロック
・スプーン
・ゴム製のきんぎょ
・積み木

　などを入れています。また、袋の中とおなじものをもう1セット、用意しておきます。発語のない人が、袋の中身と同じ物を選んで答えてもらうためのものです。

　まずはじめに、袋の中身を見ながら「キャップ」「ミニカー」「ブロック」などと声にだしながら、中身を袋から出し床に置きます。それをまた、一つずつ名前をいいながら袋の中に入れます。

　今度は、袋を渡して「中を見ないでミニカーを出して」と指示します。それぞれが何か1つずつ出していきます。手の触感だけで物を見分ける能力をひきだします。

レベルアップ

　まず、袋から取り出したものを名前を言いながら、床に並べます。繰り返して「キャップ」「スプーン」「ボール」などと言いながら確認します。

「並べたものを覚えてください」と言ってください。タオルを上からかぶせて隠しながら、並べたなかから一つを取り出します。そして、「なにをとったでしょう？」と尋ね、答えてもらいます。順番に隠した物を当てていきます。
　このときにも、発語のない子どものために、その子どもの前には別においていた中身一式を置いて、指でさせるように準備します。

⑨　集合

活動の合間の集合では、気持ちの切り替えのために子どもたちにいろいろ質問をしてみます。

　「○○くんは何歳ですか？」などたずねてみましょう。

⑩　おやつタイム

　子ども達の好きそうなおやつを準備しておきます。とんがりコーン、じゃがりこ、野菜チップス、おっとっと、ポッキーなどの分けやすいスナック菓子がよいでしょう。
　1〜3までの数字を書いたシールを4〜6個の賽の目の上に貼ったサイコロを作り、つねに賽の目が1〜3になるようにします。子どもたちに順番にサイコロをふってもらい、出た目の分だけ、お菓子を取って食べます。
　サイコロをちょうどよく転がせる子、遠くまで力いっぱい投げる子、一番数の多い3を狙う子、いろいろです。

11　ダンス

　ダンスタイムでは、曲に合わせて自由に踊ります。なるべく、流行の歌で簡単に踊れそうな曲を選びます。これまでかけた曲で、子ども達に人気だったのは、恋するフォーチュンクッキー（AKB48）、PPAP（Piko太郎）、恋（星野源）、USA（DA PUMP）、パ

プリカ（米津玄師）など。PPAP
を初めてかけたとき、自閉症の
中学生男児が両手をジーンズの
ポケットに入れてじっと立って
いました。知らない曲だったか
な？と思っていたら、「I have
a pen」と聞こえた途端、ポケットから手を出してペンを持つ格好をし、踊り出したのです。これには驚きました。

　ダンスによって、身体模倣、身体認知、リズム感が育まれます。なにより、身体を動かす楽しみを仲間と共有できます。

　音に敏感で常にイヤーマフをしている子どもが、自分の好きな曲のときは、自然に外して聞いていました。これも驚きです。

6

12　集合

活動の合間の集合では、気持ちの切り替えのために子どもたちにいろいろ質問をしてみます。

　簡単なクイズをだす。「鶏が生む白くて丸いものはなに？」など。

13 リラックスタイム

　終わりにむけて気持ちをクールダウンする
ために、リラックスタイムをとります。それ
ぞれが座っている座布団をもって、部屋の
好きな場所へいって寝転がります。そして、
部屋の電気を消し、環境音楽をかけます。こ
うすることで、積極的にリラックスできま
す。2〜3分ほどこの状態を続けます。

　子どもの中には、寝るのが嫌な子どももい
ます。そういう場合でも、座布団に座ったま
まリラックスしていれば十分です。

　他の子どものところへいってちょっかいを
出したり、奇声を上げていた子どもも、数回ワークショップをするうちに静
かになりました。

14 集合

活動の合間の集合では、気持ちの切り替
えのために子どもたちにいろいろ質問を
してみます。

15 ローソクを消す

　最後にローソクを吹き消して終わります。ケーキに乗せる小さなローソクとライターを準備し、何色がいいか聞いて、それぞれ好きな色のローソクを選んでもらいローソクに火をつけます。炎はみんなを注目させ、危険とスリルを感じさせる不思議な魅力があり、集中力が高まります。その火をそれぞれが吹き消します。吹くときの息のコントロール、吹く方向を定める口内筋力のバランスなどが必要で、発語のない人にとっては吹き消す活動自体が訓練になります。煙が出るとその香りを嗅ぐこともできます。みんな、じっと自分の番を待っていてくれま

す。中には、人が消しているのを同じように消そうとする子どももいますが、そのときにはしっかりと止めて、順番を待つことを教えます。抑制力を身に着けるよいチャンスでもあります。

　私も含めて全員ローソクを消すと、ローソクの絵記号をはずして、絵記号をしまってもらいます。
　ファイルを見せると、すべての活動プログラムが終わってなにもありません。ファイルを閉じ、「これでおしまい」と言います。手話で、両掌を上に向けて、そのまま両手を下へ動かし同時に手をすぼめます。これが終わりの合図です。

たのしい！うれしい！ワークショップ

6

また今度会いましょう、と人差し指同士を合わせます。この挨拶が終わると、バイバイと手を振ります。
　これで今回のワークショップはすべて終了です。

　多動性のダウン症の子どもが、終わってからも常にまだ続けたそうに残ります。もう今日は終わり、またね、ばいばい、と言ってもなかなか立ち上がろうとしてくれません。今度くるから、またワークショップしようね、と言うと、やっと立ち上がるか、他の支援者が迎えに来てくれるかのいずれかです。活動しているときはみんなにちょっかいをだしてふざけすぎる男児ですが、本当に可愛くてたまりません。ワークショップは、本当に楽しい時間です。この楽しさがみなさんに伝わりますように。
　このように、このワークショップは、「遊びながらたくさんのことが学べる」ということが特徴です。指導している私も、子どもたちも、このワークショップを心待ちにしています。
　ワークショップの活動内容については、グループのメンバーに応じて指導する人がアレンジしてください。ただし、集合場所を設けることと、集合することによって活動の切り替えができることは大切なので、この点は推奨します。集合―活動―集合―活動―集合の繰り返しでおこなうことが、ポイントです。ちなみに、子ども達も集合で集まったときの座り方までは、細かく注意しません。筋緊張、筋弱、筋緊張低下の子どもがいるので、自由なかたちで座ります。座り方をとやかくいうよりは参加して楽しむことが第一です！
　ワークショップをする上で重要なのは、どのような活動を組み入れるか、です。私の場合、活動内容は毎回「集合→身体的活動→集合→頭を使う活動→集合→おやつ→ダンス→集合→リラックスタイム→集合→ロウソク」の順番にしています。毎回同じ活動にすることで、子どもたちに安心感が生まれ、参加しやすくなります。同じ活動でも、スキルは向上します。たまに１〜２つの新しい活動と交換するくらいです。
　他に、ワークショップに適している活動を紹介します。

種類合わせゲーム

　1枚に6つの絵が描かれたシートがあります。同じ6つの絵が描かれたカードもあります。ネコやイヌ（動物）、パトカーやタクシー（車）、野球やテニス（スポーツ）、リンゴやバナナ（果物）……といった種類別のシートやカードです。このゲームでは、その種類をマッチングさせ、物の概念を育みます。

　まず、子どもたちに種類別のシートを1枚渡し、自分の前に置きます。床の上には、ペアの種類のカードを表向きに混ぜて置きます。自分のシートがスポーツなのか動物なのか果物なのかを見極め、同じ種類の絵カードを床の上から探し、持っているシートの上に置いていきます。

　自分のシートの絵を覚え、たくさんのカードの中から探すことで、分類する力、記憶力、集中力を養います。

みんなでジクソーパズル

　24〜30ピースのジクソーパズルを準備します。それぞれに均等にパズルピースを配って、サイコロで出る賽の目数だけパズルピースをはめていきます。

初級編

　パズルの枠を前もって完成させておきます。そこから、順番に一人ひとりピースを埋めてもらいます。

中級編

　枠をつくっておかず、一から作ってもらいます。

　空間感覚のない子どもにとっては難しく、誰がどのくらいできるかを観察し評価するのにパズルは適しています。

バランスボールタイム

　バランスボールや持ち手のついているジャンプボールを大小用意しておきます。

　自由にバランスボールで遊んでもらいます。つぎに、交代の合図（ハーモニカや笛、タンバリンなどの音）を出し、他の子のボールと交換します。

　大きなバランスボールだけを欲しがる子どももいますが、独り占めはさせないようにし、必ず他のバランスボールと交換するようにします。子どもたちは、バランスを取りながら今か今かと合図が鳴るのを待っています。合図が鳴ると、キャーキャーいいながらめざすバランスボールに突進します。人気のバランスボールに２〜３人が集まることもありますが、譲る、我慢する、あきらめることを覚えます。次の合図のときには、運がよければ自分の番がくるからです。聴覚、集中力、バランス能力、ボールを選ぶ選択力などが身につきます。

　みんなの数だけボールが入れ替わったら、片付ける合図をします。

縄跳び

縄跳びは、協調運動の上級編です。そうでなくても運動能力が低い重度発達障害児には、とかく無理だと考えがちです。しかし、縄跳びだからこそ練習するのによい面がたくさんあるからです。

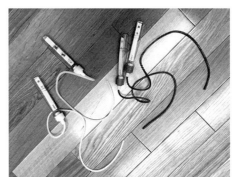

縄跳びは、持ち手の部分から30センチほど切ります。そうすると、足に引っかからない魔法の縄跳びができるのです。床に小さな輪を置いて、ぶつからないように場所を確保します。

① 10回、腕を前にまわします。これだけならほとんどの子どもができますが、中には腕を後方に回す子どももいます。

② 腕は回さないで、足をそろえて10回ジャンプします。両足をそろえられない子もいますので、片足でジャンプでもよいでしょう）

③ 手を回し、足もそろえて縄跳びします。このときに、足はジャンプしているのに腕はじっとしていたり、その逆の子どもがいます。協調運動が難しい子どもです。

④ ①〜③を繰り返し、手と足のリズムを覚えます。

上級編

魔法の縄跳びではなく、ふつうの縄跳びを渡し、前まわしに挑戦します。はじめはゆっくりで、徐々にスピードアップします。

ゴルフタイム

ゴルフボールをクラブで打つだけのゲームです。

初級編

ゴルフボールは小さすぎるので、少し大きめのボールを利用します。ホールの壁から、反対の壁へと打ちます。

飛んで行くボールをまた追って打ち、何度も往復してボールに当てる練習をします。自分の身体・腕がクラブを持って長く伸びても自由に操れるのを学びます。身体認知の一環で、さらに固有受容感覚に必要な練習です。ボールが飛んでいく方向もコントロールできる力加減や空間感覚なども学べます。

中級編

ゴールをベンチや椅子、マーキングテープでつくります。ゴールを狙って打ち、外れてもゴールをめざしてボールを入れます。強く打ちすぎるとあらぬ方向へ飛ぶので、クラブとボールの当たる場所、持ち方など技術面の工夫が必要になります。

上級編

お互いにボールを打って受ける練習をします。相手がどこにいるかを見て判断しなければなりません。また、ボールが届くように、力加減し、打つ方向やクラブの角度など考えて打ちます。受け取るほうも、うまくボールを止める技術が必要です。相互協力が必要なため、協調性の訓練にもなります。

6

吹く活動

紙風船で「吹く力」（発語力）をつける訓練です。

それぞれに紙風船を渡し、膨らませます。ゴム風船とちがい、手の力加減を調整しないと息を吹き込むのは難しいものです。紙風船を強く持つと、しわくちゃになり空気が入りません。程よくふんわりと優しくもちながら、息を吹き込みます。息を吹き込む穴をよく見て口を合わせないと、空気が漏れてしまいます。鼻呼吸をし、呼気と吸気時の肺と気管支調整など、身体機能の向上にもなります。また、息を吹き込んだらそのまま息を吸わないように注意しないと、空気が出て行ってしまいます。知らずに繰り返すと、ペコペコ風船が膨らんだりしぼんだりすることになります。最初はコツがわからなかった子どもも、口内筋力のバランスが次第に上手になります。

紙風船が膨らんだら、一人でトスを練習します。優しく打ち上げることで、集中力・力加減・打つタイミングなど学べます。10回自分でできるようになると、他の人とともに打ち渡しあうのもよいでしょう。

他の用具をつかって

・ピロピロ──簡単に吹くことができて、失敗があまりありません。

・ハーモニカ──吹くのも息を吸うのも両方音が鳴るので、簡単です。

・ピンポンボール──テーブルの上で互いに吹きあい、相手陣地に入れるゲームをします。綿や丸めたティッシュなどでも代用できます。

・ゴム風船──かなり吹く力が必要になるので、あらかじめ空気を入れた柔らかいゴム風船を使います。色は選んでもらいましょう。

ボルダリング

　まず、垂直にのぼります。上のほうにマスキングテープの目印をつけ、目標をつくります。せいぜい2メートル30センチほどですが、子どもにとっては高く感じられるでしょう。のぼれない子どものために、一番低く足をかけやすく取りやすい位置にマスキングテープをつけておきます。

　初めはのぼれなかった子どもも、徐々に上手にのぼれるようになります。しかし、身体が重く、低緊張などの筋肉症状がある子どもにはかなり難しいです。それでものぼろうという勇気を持てることはすばらしいです。私も下から身体を支えながら手伝います。

　垂直にのぼれると、今度は横移動します。壁の端から端までをうまく渡れるかどうかです。足をかけるプランニング、手を変える場所や位置の認識、手が届くかどうかの距離感など身体認知の練習になります。

ジャンケン

初級

　まず、ジャンケンを理解してもらいます。石・ハサミ・紙を用意し、石ころはグー、ハサミはチョキ、紙はパーと教え、手がそれぞれのシンボルであると伝えます。「ハサミと石ではどちらが強い？」と聞き、ハサミでは石は切れないことを実演します。ほかの組み合わせについても実演し、目で見て手が３つのシンボルであることを伝えます。

　つぎに、石、はさみ、紙を人数分準備しみんなに配ります。「ジャンケンポン！」の掛け声とともに手持ちの３つの中から1つを出します。みんなと同時に出すのがリズム感、判断力、決断力などの訓練・練習になります。

中級

　実物ではなく、今度は手をつかってジャンケンをします。なかにはチョキがなかなか出せない子どももいます。2歳ごろ、手指の神経が発達し、チョキの形をつくることが可能になります。ピースして、と言うと、チョキができる子もいます。

　ジャンケンができるようになると、勝った人がお菓子を1つ取っていきます。あるいは、勝った人が積み木をとって、一番高く積み重ねられた人が勝ち……といったゲームをします。

上級

　ホールの壁側に並んで、端の人から順番にジャンケンをします。負けた人は、反対側の壁まで走って壁をタッチしてもどります。そして、2番目に並んでいる人とジャンケンし、最後尾までこれを繰り返します。負けた人が数回走ったり疲れると勝った人が代わりに走ったりします。

スプーンリレー

　100円ショップで買った卓球のラケットの上にお手玉を乗せて、ホールの壁から反対の壁まで落とさないように歩きます。反対側の壁にタッチし、もどります。慣れたら、ラケットをスプーンにし、お手玉をビー玉などに変更します。

ビンゴゲーム

　数字ではなく、絵が描いてあるビンゴです。自分のビンゴカードの絵をよく見、今度は支援者が引いたカードを1枚見せます。「これを持っている人？」とたずね、持っていたら手を挙げて「はい！」と言ってもらいます。ビンゴカードに印を書くのですが、何度もカードが使えるように、印ではなくシールやマスキングテープを貼るか、つまみ安いおはじきをビンゴカードの絵の上に置くなどしてもよいでしょう。ビンゴカードは、5つ直線がそろえば上がりです。5つおはじきが並ぶと勝ちなのですが、わかる子どもは4つ並んだときに「リーチ、リーチ」と喜びます。5つ並ぶのがわからい子どもには、気を付けてみてあげ、「あとこの絵がでたらビンゴだよ」と教えます。

6

触感ゲーム

指当て

　それぞれ、両手を前に開いて出して目をつぶります。どれか一本の指を、支援者が指でなぞります。目を開けてもらい、「どの指を触ったかな？」と触った指を示してもらいます。抹消神経の発達状態や身体認知力がどの程度あるのかがわかります。繰り返すことで正しくわかるようになります。

ジャンケンで触感ゲーム

　袋を用意して、支援者がグー、チョキ、パーのいずれかの形を袋の中でつくります。それを順番に1人ずつ袋の上から触ってもらい、わかったら同じ形を自分の手でつくってもらいます。支援者も袋から手を出し、答え合わせをします。袋の外からは支援者の手の形は見えません。だからこそ、触感と想像力、身体認知の練習になります。

左右を学ぶ

　「上下左右」という言葉は抽象的な言葉です。これを遊びながら覚えます。

　右足と右手にリボンを結びます。両足を前に出して座ります。

　4回手拍子しながら、「はい、右手をあげて！イエーイ！」と言います。

　つぎに、また4回手拍子しながら、「はい右手を下ろして左手を上げるイエーイ」「左手おろして右足あげて、イエーイ」「右足下ろして左足上げて、イエーイ」「左足おろして両手を上げて、イエーイ」「両手を下ろして、両足上げて！」と指示をリズムよくだしていき、これを繰り返します。

シール貼り

　小さなシール（デザインはなんでもいい）とクリアファイルを人数分準備し、クリアファイルを一枚ずつ配ります。ジャンケンして勝った人が、シールを一枚とります。そのときに、「クリアファイルの上のほうに貼ってください」と言います。ほかにも、「右端、下、左端」などと貼る位置を指示します。上下がわからなければ、クリアファイルを床に垂直に置くと、どちらが上かわかりやすいです。

　ある利用者さんは、A4の資料の上に穴をあけるとき、上下がわからず困っていました。資料が横向きになっているのに、どちらが上なのかわからなくなったのです。「上だよ」という度に、天井のほうを見ていました。そこで、カラーファイルの中に資料を入れて上から穴を開け、毎回資料をそのカラーファイルに入れては、カラーファイルの同じ穴の上から穴をあけていくようにしたのです。

だるまさんが転んだ

　みんなが知っている遊びです。一人の鬼役が壁に向かって「だるまさんが転んだ」と言っているあいだに、残りの子どもたちは反対側の壁から鬼に向かっていきます。言い終わった鬼が振り返ったら、静止しなければなりません。手も足も身体も頭も、すべて制止させます。動いているのを鬼に見られたら、また元の位置からやりなおしになります。鬼のいる壁までたどりつけたら、勝ちです。

　この遊びで重要なのは、咄嗟に静止ができるかどうかです。グラグラと身体が動きやすい発達障害の子どもにとっては、集中力・聴力・バランス・体幹・静止を学ぶよい遊びです。

キャッチボール

　4歳ぐらいになるとキャッチボールができるようになります。柔らかく両腕に収まりそうなボールを準備します。2人1組になって、他の人の邪魔にならないように投げ合います。じょうずに投げられない人、受けられない人には、支援者が手助けをします。ボールを投げるほうは、相手を気遣い、相手のタイミングに合わせて投げることが要求されます。投げる力加減・方向・手を放すタイミングなどが学べます。ボールを受ける側は、受け取る姿勢やタイミング、手を出す瞬発力、ボールの軌跡の予測力などを学ぶよい活動になります。

叫ぶ

　この活動は、集合して座ってからおこないます。

　「1、2、3で、一番遠い玄関まで聞こえるような大声を出しましょう。1、2、3」「わぁー！！」

　「厨房まで聞こえる声で、はい、1、2、3」「わぁー！！」

　「はい、今度は向こうの山の上まで聞こえるように、1、2、3」「わぁー！！」

　みんな同時に声を出しますが、中には耳をふさいでしまう子どももいます。でも、不快ではないらしく、おもしろそうに笑っています。普段から大声でおしゃべりしたり、奇声を上げている子どもは、なぜか黙ったりします。

　「じゃあ、今度は蟻さんだけに聞こえるような小さな声でね、1、2、3」「わぁー……」

　繰り返すことで、大きな声と小さな声とを比較できるようになります。小さな声の合図に親指と人差し指をせばめてみせる手話を使います。他の活動のときに大きな声が出すぎていると、指を狭めるだけでわかってくれます。「静かに！」と言うときは、人差し指を口に当てて見せます。

6

表情遊び

　発達障害の特性で、人の表情を読むのが苦手なことがあります。また、そのためか、自分の喜怒哀楽の表情がなかなかだせません。

　この遊びでは、表情のカードを作り、一枚見せては真似をしてもらいます。模倣自体が苦手なので、笑ってばかりでできない子どももいますが、ついこちらが笑ってしまいたくなるほどじょうずに真似する子どももいます。

リズム遊び

「もしもし亀よ」の歌にあわせ、身体の中心線を超えて手を交差させる動き(アシンメトリー)をします。

フリーダンスではなく、決められた体操をする活動を設けたことがあります。ところが、重度の発達障害児は、シンメトリー（左右同じ）の真似はしやすいが、アシンメトリー（左右違う）の動きはなかなか真似できないのに気づきました。そこで、左右の手が身体の中心線を超える動きを取り入れたアシンメトリーのリズム遊びに変更しました。

♪　もし　もし　亀　よ　亀　さん　よ　　ー

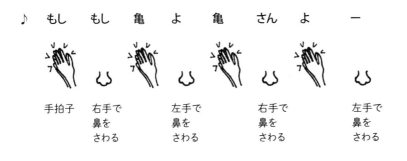

手拍子　右手で鼻をさわる　左手で鼻をさわる　右手で鼻をさわる　左手で鼻をさわる

♪　せ　かいの　うち　で　おま　えほ　ど　　ー

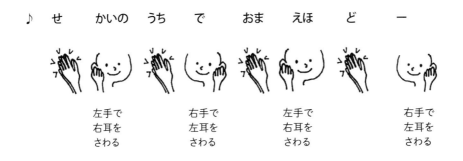

左手で右耳をさわる　右手で左耳をさわる　左手で右耳をさわる　右手で左耳をさわる

「左手で右肩」「右手で左腕の肘」「左手で右足の膝」などと応用し、むずかしさを調整しながら、続きを歌っていきましょう。

7

二次障害を
発症させないために

長年、重度発達障害児などを対象に支援をしてきましたが、「これだけは最小限考えて支援してもらいたい」というお願いがあります。

　それは、社会ルールの中で、最低限のことを学ばなければ、社会の一員にはなりにくいということです。とくに、社会参加したくても公共の場にそぐわない行動をとってしまう強度行動障害の人たちについて、です。彼らは、そっとしておけば本当に穏やかですし、自分の興味ある物に対しては、内から出るエネルギーをさまざまな形で自己表現・発散していきます。そういう行動をみても不安にならない一般の人たちの寛容さをすぐさま要求するのは本当に難しいと思います。だからこそ、社会へ出て、彼らも生きている、生活している、社会の一員であると公に知らせしめなければならないと思います。私が普段から施設の外へでていってください、とお願いするのは、彼らに出会う人たちに少しでも理解を広げたいからです。そのためには、強度障害者にも最低限のルールを学んでほしいと思います。これができない児童が成人になったときの悲劇を、私はたくさん見てきました。常道行為が逸脱し、パニックになり、怒ると手がつけられないほど攻撃的になるのです。結果、彼らは社会から疎外され隔離され、一室に閉じ込められ、外からは施錠される非人間的な生活を余儀なくされます。こういう人々がいることすら、世間一般の人たちは知りません。悲しく、とても悔しい現状です。動物を扱うように育てれば、そのようになってしまいます。また、このような悲劇を生む前に家族への支援を行政や地域の人ができなかったのかと考えます。もっと人間的な、その人が持っているエネルギーを発達させ、その人らしく生きていけるような社会であれば、と強く願います。では、どうすれば改善できるのでしょうか。

禁止すべき4つの行為

　それは最低限、幼い頃から以下の4つの行為を一貫して止めることです。これらが基本条件だと私は確信しています。

　このほかの常道行為（飛び跳ねる、奇声を上げる、徘徊する、エコラリーなど）は、他人の迷惑にならない場所であれば、そっとしておいてくださ

い。
　止めるべき最低限の行為とは、

暴力行為：他害行為で親や他人を殴る、蹴る、叩く、噛みつく、物をぶつける
危険行為：車の前に飛び出る、線路を歩く、危険な高いところから飛びお
　　　　　りる
破損行為：物を壊す、テーブルの上の物を落とす、窓ガラスを壊す
自傷行為：自分の服を破る、自分の腕を噛む、自分の頭を叩く・ぶつける

　親や支援者がこれらを見逃すと、子どもはそのまま大きくなります。小さ
い頃はなんとかなったかもしれませんが、思春期を迎える頃にはホルモンの
関係で不適応行為が増加し、身体も成長し腕力もつき、手が付けられなくな
って初めて後悔するのです。そのときには時すでに遅く、日本では成長した
子どもは隔離施設や精神病院の一室に入れられてしまうはめにもなります。
　実際、危険回避のため刺激のいっさいない、精神病院の観察保護室に入れ
らた発達障害の思春期の中学生に会ったことがあります。その子どもが通っ
ている学校から相談を受けた相談員に頼まれ、同行したのですが、この子ど
もが教育を受けるのは、一日たったの一時間だけでした。学校で大暴れした
ので手に負えず、また自宅でも面倒を見切れず、精神病院に入院させていた
のです。他の生徒がいなくなる放課後に、個別でティーチプログラムで提供
された自立課題をして過ごしていたのですが、このティーチプログラムは、
私が相談員に伝えて初めて利用されていました。自宅には、彼だけの部屋が
ありますが、そこはなにも置かないようにと医師から言われた密室でした。
他の家族も会いたがらず、家族からも見放され行き場がなくなった彼は、無
理矢理精神病院から中学校と高校に通いました。しかし、高校では放課後の
３０分間しか授業を受けさせてもらえませんでした。これを見聞きした私
は、ただただ絶望感を感じてしまいました。こんなことが現世であってよ
いのか？と。小さい頃は、まだ子どものこだわりを認識しながらも好きなよ
うにさせていた、と親は言います。世間一般の、とても子ども思いの両親で
す。ところが、思春期に入った頃には、こだわりが強すぎて止めようとする

と暴れたそうです。

　私はどんなに重度、最重度の障害、強度行動障害があっても、適度の刺激はあるべきだと思っています。想像してみてください。なにもない部屋に24時間、何日も入れられたら、あなたは耐えられますか？　なにをしますか？

　彼は、壁紙をはがし、自分の服を破り、自分の汚物で遊んでいたのです。

　ある入居施設を見学にいったときのこと。強度行動障害の人たちが住んでいるグループホームだったのですが、そこには空っぽの部屋が並んでいただけです。カーテンはおろか、写真もポスターも何一つ貼っていない部屋に、トイレの匂いが充満していました。「なぜなにも置いていないのですか？」と尋ねると「壊すからなにも置いていません」と支援者は答えるのです。その答えには自信さえうかがえました。

　まるで刑務所のような環境を良しとしている支援者……きっと彼らは、それを当然としているのでしょう。しかし、この人間的ではない生活環境をみて、私は憤りさえ感じました。

　こんなことになる前に、その子どもに合う環境を考え、適度に刺激のある部屋を準備し、前述した4つの危険な行動だけはすぐに止めさせ、そのほかの行動は自由にさせてあげて見守ってほしいと思います。

　止める方法ですが、明確に「ダメ！」と進行中の不適応行為を止める言葉を発し、代償行為をすぐに教えるのです。叩かれれば「ダメ！　なぜるのよ」と、手でなぜる方法を教えてください。または、怒りが最高潮になる前に、他のことで気をそらせてください。「あ、飛行機が飛んでる！」「お散歩行こう！」「お茶飲む？」「そういえば、アイスクリームがあったなあ」と、なんでもいいから気を反らせるのです。

　「ダメ！」という言葉を否定的にとって使わない人もいます。でも、不適応行為を止めるための「NO!」は、短いほうがよいと思います。くどくどと回りくどい説明は、彼らに通用しないからです。ダメ、コラー、ストップ、ヤメーイ！。声掛けはなんでも、止められたらよいです。そして、必ず代償行為を教える、あるいは代理用品を与えてください。

　代理用品が役にたたなければ、怒りが沈むまでしっかりハグするか、別の

部屋で静かになるまで待つか、です。

壊れたものを一緒に片付ける

なにかが壊されれば、一つずつともに拾ってもらいましょう。拾う行動を確認してから支援者が手伝えばよいと思います。水をこぼせば、すぐに雑巾を手渡して拭いてもらいましょう。自分の行動に責任を持つことへとつながります。

口に含んだ水やツバを人に吐く思春期の男児がいました。放尿も好き勝手にテラスでしてしまったこともあります。時には尿を口に含んで吐きかけることもありました。この男児に、「ダメ！ 拭いてください！」とティッシュを持たせて拭かせました。もちろん、キレイには拭けないので、最後は支援者が拭きましたが、何回も繰り返すうちにツバを吐かなくなりました。

もちろん、こうスムーズにいくことばかりではありませんが、破損物を周囲の人が後始末をするだけでは、本人は学びません。学ぶチャンスを逃しているのです。物を壊せば、それを拾ってもらいましょう。不適応行為は、必ず悪いと知らせて止めましょう。そうすることによって、些細な成長かもしれませんが、少しでも自分をコントロールできるようになると思います。

自傷行為も同じです。怒る感情表現を止められたり、なにもすることがなければ、ストレスが溜まります。強度障害の人は、なぜ自分が怒っているかもわからずに内面からでてくる怒りを外へ発散しようとするかもしれません。怒ることを止められれば、発散できない感情から、自傷行為に陥りやすくなります。発達のアンバランスのために周囲の人を含む環境がミスマッチすれば、さらにギャップが大きく広がります。

ですから、自傷行為や不適応行為を無理やり止めるというよりは、そのストレスを発散できる場、たとえば遊具のある庭・部屋、スヌーズレン、映画、音楽の部屋、ぬいぐるみ、玩具など、その人が自由にしていられる場所を作り、そこでクールオフしてもらうのもよいでしょう。支援者には寛容と忍耐が必要です。

7

かんしゃくとパニックの違いを、はき違えることが多い

　かんしゃくとパニックを同じものと考えている人が多いです。社会的ルールがあるのに、ルールを教えることなく好きにさせていると、ルールが通用しないままです。ルールを守らせようとしたときに「わー」と泣き騒ぎ、物を投げ、地面に寝転び、自分の意志を通そうとします。これがかんしゃくです。迷惑だからとその行為を受諾して、途中でなにかを買ったり与えたりすると、そのときの行為を増強させてしまいます。だめなものはだめと決めたら、一貫しましょう。

　非常に厳しいようですが、それが唯一本人のための練習になると思います。かんしゃくは無視します。あるいは、しっかり抱きしめたまま一言も言わず、ただおさまるのを待つ、もしくは自分のいう通りにならない人に対して（優しい母親がよくターゲットになる）興奮して怒りだし、暴力をふるうようになると、クールダウンする場所を決めておいて母親から物理的に距離をとり、母親が見えないようにします。そこに数分いてもらいましょう。静かになって普通にコミュニケーションがとれる状態になったら、理解できる知的能力がある人には興奮した原因を簡単に分析し、なぜダメと拒否したかを簡単な絵を描きながら説明します。なにが無理だったか、自分の感情と対人関係の感情を視覚で理解しやすく絵図で示すとコントロールしやすくなります。この方法はソーシャルストーリーズといって、自己中心的になりがちな自閉症者に対人関係を教える方法です。学校などでケンカが勃発したときに、絵でだれがなにを言ってどう反応したかなどわかりやすく説明でき、効果的です。

　療育園で、年長の子どもがどこへいくにも保育士に抱っこかおんぶされていました。足はどこも悪くなく、歩けます。このこだわりが癖になっていて、保育士を悩ませていました。抱っこされないとかんしゃくを起こしてわめき、あたりの物を投げ壊しました。ある日、私と2階のホールへいくとき、抱っこを要求してきました。もちろん、「ダメ、歩いてください！」と

言います。すると、療育園中聞こえるほどの大声で泣き、抱っこ、抱っこと訴えます。繰り返し、「ダメ、歩きましょう!　2階でみんな待ってるよ」「ダメ、歩きましょう!　滑り台が待ってるよ」と私も一切許しませんでした。5分ほどやりとりしていましたが、その子は泣きながらですが、歩いて階段をあがっていきました。その後は、不思議と保育士にも抱っこされなくなったのです。でも、その子は私に拒絶されたことを覚えていたのか、私の顔をみると、抱っこ!と言います。もちろん急いでいるときはしません。でも、座っていて時間があるときには、はい、抱っこしましょう、としっかりハグしました。それからは、その子は吹っ切れたようです。

　これはもちろん成功した事例ですが、私も何度も失敗し反省したこともあります。周りの人は、たぶん子どもが泣いているとかわいそうだと思うかもしれません。でも、それ以上にかわいそうなのは、社会ルールにそぐわない行動をとるこの子どもたちの行く末なのです。

　パニックは、予測が立たないときに不安や恐怖に襲われることです。突然泣き叫んでうろうろしたり、イライラしたり、自分の頭を叩いたり、壁にぶつけたり、他人に攻撃的になったりと、その興奮がマックスになると手の施しようがありません。だから、普段からその人をよく観察して理解し、少しでもパニックにならないように、お膳立てをして、なるべく予測可能なスケジュールを作り、不安材料を取り除く声かけをし、安心できる対処などをこころがけましょう。簡単ではありませんが必要です。

二次障害を発症しにくくするには

二次障害を発症しにくくするため、次のことを心がけることが大切です。

・楽しく遊べる環境を提供し、ストレスを発散させる(自分のペースで遊べるスヌーズレンや遊具のある園庭、遊園地など)
・少しでもできることを見守り、褒める(自己肯定感の向上)
・スキンシップをする(量より質、愛されていると感じる)

・一貫性のある規則正しい生活（構造化し、安心感を与える）

・シンボルマークが理解できるようにマッチングを練習させる

・意思表現できるコミュニケーション方法を教える（コミュニケーションカード、手話）

・睡眠をたっぷり与える

・栄養豊富な食事を与える（偏食による脳の栄養失調が生じないように）

・数人で楽しく学べる活動と環境を与える（ワークショップなど）

・自由に遊べる時間を与える（ゲーム、音楽を聴く、DVDなど）

・理解ある周囲の人、親からの愛情を与える

　以上のように、二次障害が起こらないようにするために人々の支援や信頼、環境が大切です。家族の愛があり信頼できる人が支援にあたり、自由に歩き回れ、遊び学べる環境があれば、二次障害は発症しづらくなります。

　かといって、私が提案する支援がすべて100％通用するとも限りません。ケースバイケースで、正解がないからです。でも、これらが少しでも支援の手引きになればと熱く願っています。

　もうひとつ重要なのは、親や家族が十分な休養がとれるよう物理的距離がとれる支援です。子どもを預けられる、何らかの短期の養護施設が必要です。老齢の親に任せるのではなく、行政機関の運営で乳幼児から青年まで短期に預けられる場所があれば、家族もたっぷり休養し充電できるのではないでしょうか。

おわりに

　入居施設にいくと、利用者さんがいろいろと私に話しかけてくれます。

　「お風呂入った？」「工事まだしよるよ！」「DVD、買ってきた？」「ノートは？」「お母さん来るんよ！」「巨人勝った！」「せっせっせ！」と同じことをしつこく繰り返す人もいます。ある無言の人の前にたつと必ずこの人は、私の腕を触り、ほっぺたを触りたがります。そのままさせたいようにしていると、ある日「お帰りなさい！」と言ってくれたので、思わず涙がでそうになりました。これが普段なにも言わない彼から聞いた、初めての言葉でした。これらは、彼らの私に対しての挨拶の言葉なのです。私になにか話しかけて、対話をしている時間を共有したいのです。その一つ一つに何度も答え、荷物を床に置いてせっせっせーのよいよいよいと手のリズム遊びをすると、利用者さんは納得してくれます。これらの挨拶を「うるさい、しつこい」と感じるか否かで、彼らの信頼感が変わります。

　ワークショップを長年続けていると、子どもたちは多種多様な挨拶をしてくれます。うれしくて飛びついてくる子、ワーッと奇声をあげてくる子、私の手を引いてワークショップのカードを指さす子、私の名前「ヨシコさん」と意味深にいってくる子（笑）、なにも言わず黙って座る子。さまざまで、会う度に心温まります。

　とにかく、ものすごく楽しいのが本書で紹介したワークショップの醍醐味です。どの子どもたちも楽しくて待ち遠しく感じてくれているということを、肌に感じ幸せです。

　スタッフの一人が、私がくると利用者さんの雰囲気が明るくなって違うと言ってくれました。私がこの利用者さん達のことが本当に好きでしょうがないからかもしれません。心底この人たちが好きで愛しくてたまらないオーラが、彼らに伝わっているのかもしれません。正直なところ、どんなに鼻水やよだれを垂らしていても、たとえ汚物をなめていても、この愛しさは変わりません。重度、最重度の人たちに違和感もありません。彼らがもしかしたら我が子であるかもしれないし、事故や病気の後遺症や高齢になって認知症

になって同じような行動をとるわが身かもしれないからです。認知症になった母の介護をしていたときも、汚物に手を染めて、ベッドの布団で汚物を拭いていたことが度々ありました。「止めて！」と叫びながら、動作を止めて手を洗ってもらうと、「少々ええが！」と母が言うのです。そりゃ、生クリームとかなら布団で少々拭いてもらってもいいけど、汚物だけは困ります。でも、この母の言葉「少々ええが！」はおかしくて笑えます。わが身もそんなときには、笑って片付けてもらえる支援者にすがりたいと思います。本当に、どんなことも目くじらを立てるほどのことではないからです。そんなときに叱られて、叩かれたら嫌な思いしか残せません。汚れた手や布団は洗えば綺麗になります。物が壊れれば直せばいいのです。もちろん、物を壊したり危険な場合はよい機会なのでしっかり「ダメ」と教えましょう。でも、普段の手をひらひらさせたり、奇声をあげたり、飛び跳ねたり、一瞬のスキに悪さをしたりするくらい、母の言うように「少々ええが！」なのです。

　利用者さんは今を生きている人間です。彼らが粗末に扱われて魂を打ち砕かれれば、あるいは二次障害を出させてしまっては、覆水盆に返らず、です。私は彼らから、どうにかして人間的な楽しい笑顔をひきだそうと常に努力したいし、少しでも笑顔が見たいと思って接しています。それが、私にできることで、彼らにも自然にそれが伝わって明るくなるのかもしれません。だから、彼らの幸せそうな笑顔を見ると、さらに私も楽しくうれしいのです。

　本書で紹介するマッチングやワークショップは決して珍しくありません。きっとどこやかしこで同じような活動がなされていると思います。もっとよい方法があるかもしれません。でも、もう一度子どもの正常発達と照らし合わせて少しでも成長できる活動を選び、安易に自立作業を提供するのではなく、しっかりと構築された作業を提供し、それがその人自身のできる限りの自由と自立へと発展してくれればと願っています。

　そして、この簡単な自立へのマッチングやワークショップが療育園、保育園、支援学校、放課後デイ、デイサービスなどにも利用されればと思います。この本を書くにあたって、かもがわ出版の皆川ともえ氏、株式会社アネ

ビーの熊尾氏には、いろいろとお世話になり感謝しております。少しでもこの本がみなさまの参考になりますようにと願って、ペンを置きます。

河本　佳子

参考文献

Bly,Lois. 1998.　Motor Skills Acquisition in the First Year.

Antonovsky,A. 1984 A call for a New Question　Salutogenesis　and a Proposed Answer The Sense of Coherence

A,Jean,Ayres.2005　Sensory Integration and the Child

Jan Hulsegge,AD Verheul, 1987. Snoezelen Another world

杉本健郎. 二木康之. 福本良之. 2006.『障害医学への招待──特別支援教育・自立支援法時代の基礎知識』（クリエイツかもがわ）

岡田尊司. 2017. 『過敏で傷つきやすい人たち』（幻冬舎）

矢幡洋. 2008. 『もしかして自閉症？　子どもたちのために親ができること』（PHP）

今泉信人. 南博文編著. 2009.『発達心理学』（北大路書房）

無藤隆. 中坪史典. 西山修 編著. 2013. 『発達心理学』（ミネルヴァ書房）

斎藤孝. 山下柚実. 2002. 『「五感力」を育てる』（中公新書）

灰谷孝. 2016. 『人間脳を育てる』（花風社）

杉山登志郎. 2007. 『発達障がいの子どもたち』（講談社）

星野仁彦. 2011. 『発達障がいに気づかない大人たち』（祥伝社）

福田恵美子編集. 2010. 『発達過程作業療法学』（医学書院）

桃井真理子編集. 2009. 『子どもの成長と発達の障がい─早期発見を見極める』（永井書店）

山鳥重. 2011.『言葉と脳と心』（講談社）

河本佳子. 2003. 『スウェーデンのスヌーズレン─世界で活用されている障害者や高齢者のための環境設定法』（新評論）

河本佳子. 2016. 『スヌーズレンを利用しよう！　資格がなくても簡単にできる』（新評論）

河本　佳子　（こうもと　よしこ）

　1974年ストックホルム大学教育学部幼児教育科卒業。ルンド大学でドラマ教育学、心理学の基本課程習得。1992年ルンド大学医学部脳神経科作業療法学科卒。スウェーデン在住42年間、マルメ総合大学病院ハビリテーリングセンターで作業療法士として勤務。

　現在は、日本で医療福祉コンサルタントとして活動中。

装画■河本　佳子
イラスト■にしむらさちこ

スウェーデンの作業療法士が教える

発達障害の子どもと楽しむワークショップ

2020 年 2 月 10 日　初版発行

著　者―© 河本佳子
発行者―竹村 正治
発行所―株式会社かもがわ出版
　　　　〒 602-8119　京都市上京区出水通堀川西入亀屋町 321
　　　　営業　TEL：075-432-2868　FAX：075-432-2869
　　　　振替　01010-5-12436
　　　　編集　TEL：075-432-2934　FAX：075-417-2114
印刷―シナノ書籍印刷株式会社

ISBN 978-4-7803-1074-0　C0037